Teoría de los SISTEMAS DE DECISIÓN

Un modelo basado en los sistemas mentales

Juan Martín Figini

authorHOUSE®

AuthorHouse™
1663 Liberty Drive
Bloomington, IN 47403
www.authorhouse.com
Teléfono: 1-800-839-8640

Publicada por AuthorHouse 07/03/2017

ISBN: 978-1-5246-9801-0 (sc)
ISBN: 978-1-5246-9800-3 (e)

Numero de la Libreria del Congreso: 2017910143

Print information available on the last page.

ÍNDICE DE CONTENIDOS

AGRADECIMIENTOS.. vii

INTRODUCCIÓN... ix

EL SISTEMA HUMANO: REALIDADES Y ESTILO DE VIDA 1

El sistema humano 1

Tipos de realidades y estímulos 13

Estilo de vida: sistemas endógenos y exógenos 18

EL SISTEMA DE DECISIÓN 28

El sistema de valoración 30

Tipos de valoraciones 37

Leyes de bienestar y valoración 41

Fases en la gestación de los comportamientos racionales 46

La necesidad de autoestima y sus mecanismos de satisfacción.... 54

Factores de dependencia valorativa.................................... 56

La ecuación de autoestima 59

Competencia valorativa 69

El sistema de evaluación de viabilidad 74

Tipologías para el análisis de viabilidad 84

Tipos de condicionamientos y recursos 84

Tipos de opciones 88

Tipos de viabilidad e inviabilidad de acuerdo al
parámetro temporal 92

Información y criterios de decisión 94

Ecuación de bienestar real 105

CONCLUSIÓN 123
GLOSARIO 127
ÍNDICE DE FIGURAS 141
AUTOR 145
OBRAS RELACIONADAS 149

AGRADECIMIENTOS

Hubo una persona que me acompañó durante todo el proceso de gestación de esta obra, y su nombre es Cecilia Hirschler Fernández, quien resulta ser mi esposa. Gracias a Dios nos encontramos y no tuvo dudas en seguirme en este proyecto muy novedoso con implicancias positivas. Ella tuvo que renunciar momentáneamente a dedicarse a su vocación, que es el arte y la literatura, para que yo pueda desarrollar este proyecto. Todos los gráficos, algunos ejemplos y parte del orden fueron aportes de ella invaluables, que significaron para mí un ahorro enorme de tiempo. Siempre que finalizaba de desarrollar una parte de la teoría pedía su análisis y reflexión. Estoy profundamente agradecido de haber compartido esta obra con ella y que sus labores relacionadas contribuyeran a la concreción de este gran objetivo.

Muchas gracias mi Amor por ayudarme a desarrollar esta obra. Gracias por este enorme acto de amor y generosidad.

Y siempre le agradezco a Dios y a todos sus servidores por acompañarme en cada paso que doy. A veces me equivoco, pero evalúo mis errores y rectifico mi conducta. Gracias por todas las enseñanzas y desafíos que viví y que viviré. Gracias. Me ayudan a crecer. Me ayudan a madurar.

INTRODUCCIÓN

La **libertad** es una facultad del alma que habilita la posibilidad de elegir entre distintas opciones de manifestación.

En otras palabras, la libertad es la facultad del alma que se manifiesta a través de la acción y efecto de elegir.

Elegir es la acción mental por medio de la cual se determinan las opciones de manifestación, restringidas o habilitadas por ciertos factores endógenos y exógenos, y se selecciona aquella que es considerada más valiosa de acuerdo a la estructura de preferencias del ente responsable.

La decisión es la acción y efecto de decidir. Decidir es sinónimo de elegir.

La teoría de los sistemas de decisión es un conjunto de conceptos y de leyes que contribuyen a explicar los mecanismos y procesos cognitivos mediante los cuales los sistemas humanos valoran y evalúan para elegir entre las distintas opciones de manifestación que contemplan.

Cuando el sistema humano (individual o colectivo) ejecuta un comportamiento, ya eligió. La decisión tomada se manifiesta en el comportamiento, que es la acción corporal. La pregunta es: ¿qué criterios sigue para elegir los comportamientos que lleva a cabo?

Las causas de origen de la decisión tienen que ver con el sistema mental y, específicamente, con un subsistema de creencias, que es el sistema de decisión.

El **sistema de decisión** es una entidad cuya existencia y funcionamiento se justifica como un todo mediante la interacción del sistema de valoración y el sistema de evaluación de viabilidad entre sí. El input son los estímulos (internos y externos) y el output son las decisiones.

La teoría de los sistemas de decisión busca explicar por qué se generan los múltiples y diversos tipos de comportamientos que pueden desarrollar los sistemas humanos en ciertas circunstancias.

Es importante aclarar que esta teoría tiene aplicación a nivel individual o colectivo, es decir, se puede usar para el estudio de los procesos de decisión condicionada de las personas individuales y sociales.[1]

Los sistemas humanos, a nivel micro y macro, adoptan decisiones que afectan la realidad de acuerdo a sus particulares sistemas de decisión.

Las decisiones se basan en dos procesos mentales precedentes: la determinación de las opciones de manifestación y la valoración de las opciones. La primera está condicionada por el sistema de evaluación de viabilidad y la segunda por el sistema de valoración, ambos subsistemas de creencias del sistema mental. A lo largo de este libro se explicarán las diversas variables que interactúan para generar las elecciones que definen la vida de todos los sistemas humanos.

---

[1] Para comprender los sistemas de decisión colectiva sugerimos leer la *Teoría de los sistemas sociales. Un modelo basado en los sistemas mentales.* Figini, Juan Martín. Authorhouse, 2017 (ver sección "Obras relacionadas" al final de este libro).

EL SISTEMA HUMANO: REALIDADES Y ESTILO DE VIDA

El sistema humano

La teoría de los sistemas de decisión está construida sobre la base de la teoría de los sistemas mentales.[2] Esta última ofrece un modelo sobre el funcionamiento de la mente y su relación con el alma y con el cuerpo, desarrollando un conjunto de conceptos y leyes que buscan explicar los fenómenos de carácter mental.

La misma sostiene que el sistema mental, y más específicamente su subsistema de creencias, es la clave para comprender las causas de los pensamientos, emociones y consecuentes comportamientos de los seres humanos y de las comunidades que ellos conforman.

Teniendo en consideración lo estudiado a lo largo de la teoría de los sistemas mentales, en este libro se analizarán cuáles son los factores que guían a los sistemas humanos en la toma de decisiones. En otras palabras, ¿por qué los sistemas humanos eligen ciertas opciones de comportamiento y no otras? ¿Qué leyes influyen en la toma de decisiones?

---

[2] La *Teoría de los sistemas mentales* fue publicada por el autor de esta obra por primera vez en español en el año 2009, en inglés en 2012, y su versión completa y extendida en español en el año 2016. De ahora en adelante, cada vez que hagamos referencia a la *Teoría de los sistemas mentales* estaremos citando a la versión del año 2016 (ver sección "Obras relacionadas" al final de este libro).

En las próximas páginas repasaremos las nociones más básicas de la teoría de los sistemas mentales, a las que agregaremos algunos nuevos conceptos, para orientar al lector en ciertas definiciones fundamentales que serán utilizadas a lo largo del presente libro.

Cabe aclarar, sin embargo, que la lectura completa de la teoría de los sistemas mentales resultará de gran ayuda para todos los que deseen ampliar su comprensión sobre la teoría de los sistemas de decisión.

Comenzaremos por definir al sistema humano:

El **sistema humano** es una entidad cuya existencia y funcionamiento se justifica como un todo mediante la interacción del alma con el sistema mental y el sistema corporal entre sí.

Un **sistema humano individual** es un ser humano. Un **sistema humano colectivo** es un sistema social o comunidad, constituido por dos o más sistemas humanos individuales que interactúan entre sí.

Llamaremos **protagonista** a aquel sistema humano que estemos analizando.

De ahora en adelante, cuando hagamos referencia a un sistema humano, podemos asumir que se trata de un individuo o de un sistema social.

De la misma manera, cuando hagamos uso del concepto de **persona**, podemos estar haciendo referencia a una persona individual o a una persona social. La **persona individual** es un sistema humano individual dotado de identidad. La **persona social** se refiere a un sistema humano colectivo dotado de identidad.

El **alma** (o voluntad) es energía consciente que goza de libre albedrío y opera en el sistema mental y en el sistema corporal. La misma tiene dos facultades fundamentales: consciencia y libre albedrío. La consciencia es la capacidad de reconocer lo que sucede en el sistema mental y corporal. El libre albedrío es la capacidad de elegir entre distintas opciones de manifestación.

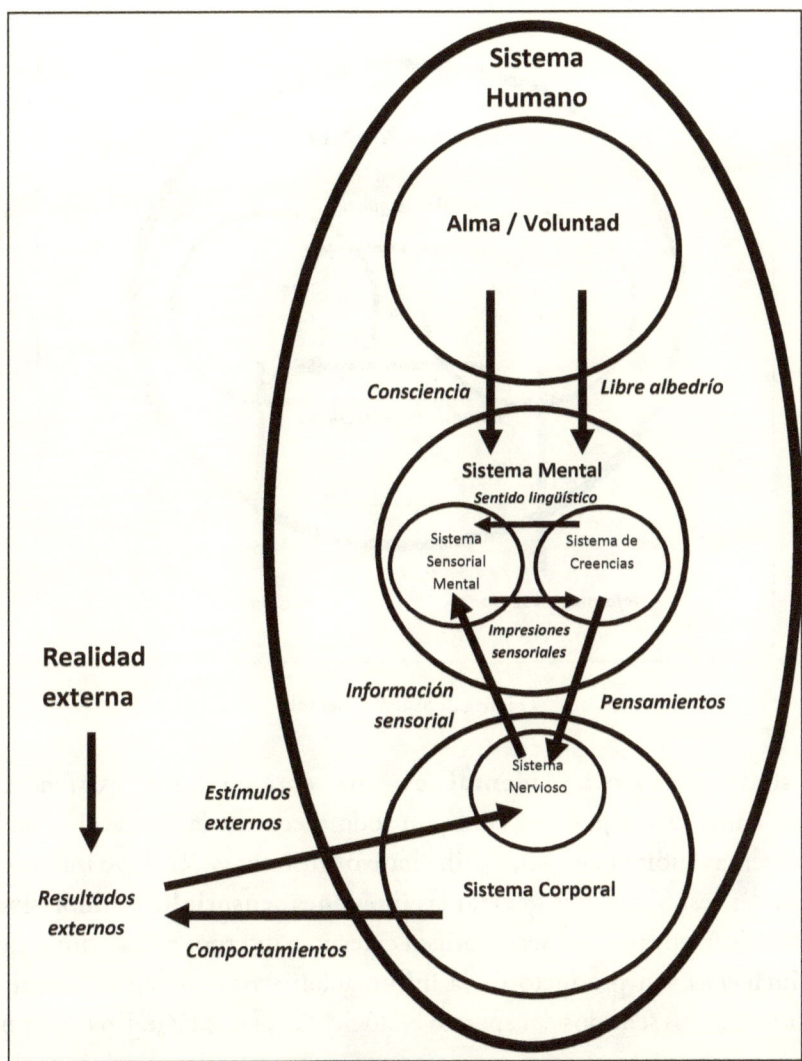

Figura 1: Sistema humano interactuando con la realidad externa.

El **sistema mental** es una entidad cuya existencia y funcionamiento se justifica como un todo mediante la interacción del sistema sensorial mental y el sistema de creencias. El input del sistema mental es la información sensorial y el output son los pensamientos.

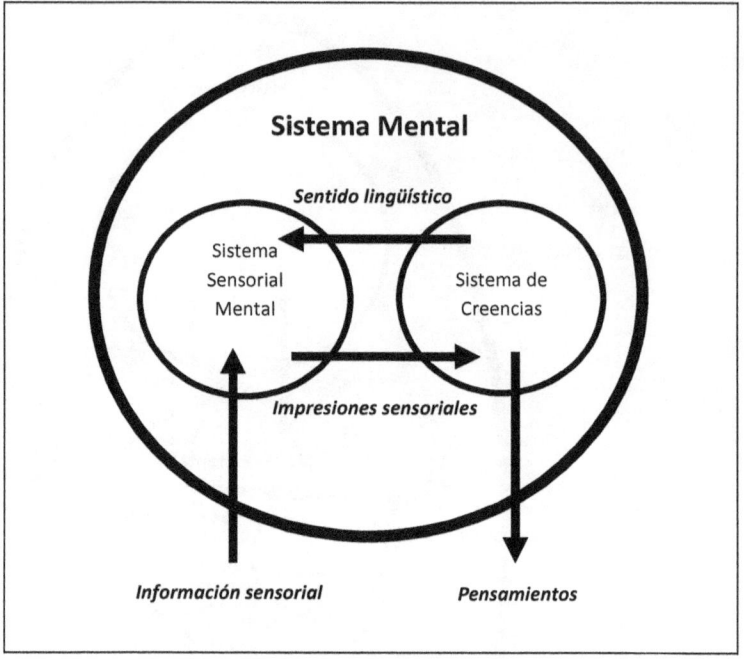

Figura 2: Sistema mental.

El **sistema sensorial mental** es una entidad cuya existencia y funcionamiento se justifica como un todo mediante la interacción de los subsistemas auditivo, visual, táctil, olfativo, gustativo y sensitivo interno. El mismo es responsable de generar las **imágenes sensoriales** (o impresiones sensoriales), que pueden ser de origen externo o interno. En el primer caso, las imágenes son producto de la información sensorial captada desde el entorno por los sentidos del aparato biológico de percepción. En el segundo caso, las imágenes pueden ser de origen corporal (información recibida sobre el funcionamiento interno del sistema corporal) o de origen mental (pensamientos).

Entonces, el emergente del sistema sensorial mental es una imagen sensorial que inmediatamente es captada por el **sistema de creencias**. Dicho sistema es una entidad cuya existencia y funcionamiento se justifica como un todo mediante la interacción de las creencias.

Las **creencias** son ideas que poseen una determinada carga e intensidad energética y un cierto grado de veracidad. Las ideas son imágenes sensoriales dotadas de sentido lingüístico.

De esta forma, las creencias se encuentran constituidas por cuatro variables: carga energética (polo), intensidad energética, imágenes sensoriales y sentido lingüístico.

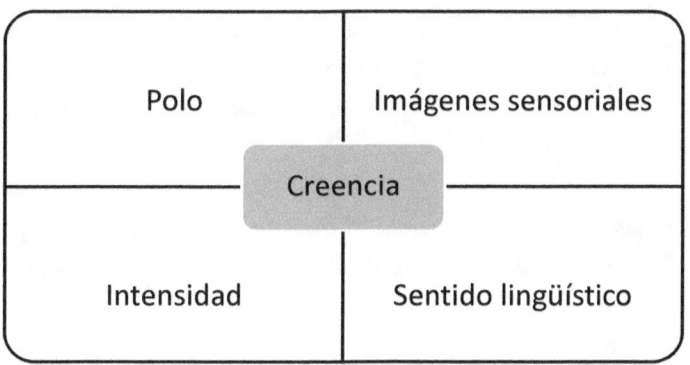

Figura 3: Elementos de una creencia.

El **sentido lingüístico** es una articulación gramatical coherente de acuerdo con el lenguaje operativo del sistema humano. El lenguaje operativo es el que el sistema humano utiliza para llevar a cabo cada operación básica de razonamiento. En general, se corresponde con el lenguaje aprendido en los primeros años de vida del sistema humano.

Las **imágenes sensoriales** son reproducciones sensoriales mentales basadas en los sentidos del sistema biológico de percepción. Son la propiedad emergente del sistema sensorial mental y nos referimos a ellas en plural porque se producen sucesivamente, permitiendo la captura del movimiento y del cambio en la realidad percibida. Esta reproducción ininterrumpida permite al sistema humano tener un registro sensorial cinético, es decir, capturar la vida como una película.

La carga energética de una creencia es su **polo** energético, que puede ser positivo o negativo. El polo es positivo cuando la creencia está vinculada a la idea de aceptación. Por el contrario, el polo es negativo cuando la creencia está conectada con la idea de rechazo.

La **intensidad** energética es la cantidad de energía mental que contiene una creencia. A fines explicativos, usaremos una escala del cero al diez para medir la intensidad de cada creencia (cero significa nada de energía y diez se refiere a la máxima cantidad de energía).[3]

Las creencias se dividen en creencias activas y pasivas. Las **creencias activas** son todas las creencias que afectan el proceso de pensar. Las creencias pasivas se encuentran en estado potencial y, por ende, no afectan el proceso de pensar.

Las creencias se vinculan entre sí por medio de diversos principios lógicos, formando **asociaciones de creencias**. Dichas asociaciones, que son responsables de generar determinados pensamientos, forman a su vez subsistemas de creencias.

Los **principios lógicos** son ideas que guían el desarrollo de la información de acuerdo a ciertos parámetros racionales. Dichos parámetros constituyen normas de razonamiento que habilitan la gestación de distintos tipos de asociaciones de creencias.

En cada asociación de creencias intervienen múltiples principios lógicos combinados. Por ejemplo: el principio de definición, el principio de identidad y el principio de causa.[4]

---

[3] El parámetro de medición y evaluación que se utiliza en esta teoría es una posible herramienta de análisis. Este parámetro se puede reemplazar, si se desea, por un esquema de evaluación más idóneo para registrar mejor la experiencia mental estudiada. Por ejemplo, en cambio de asignar valores absolutos se puede emplear un sistema de porcentajes.

[4] Este tema ha sido explicado brevemente en la *Teoría de los sistemas mentales* y será ampliado en la *Teoría de los sistemas educativos. Un modelo basado en los sistemas mentales y sociales* (ver sección "Obras relacionadas" al final de este libro).

Los **subsistemas de creencias** son entidades cuya existencia y funcionamiento se justifica como un todo mediante la interacción de las asociaciones de creencias entre sí. Los subsistemas de creencias tienen la función específica de generar determinados patrones de pensamientos. Algunos de los subsistemas de creencias, por ejemplo, son: el sistema de conservación, el sistema de comunicación lingüística, el sistema institucional, el sistema de decisión, etc.

El **sistema de creencias** es una entidad cuya existencia y funcionamiento se justifica como un todo mediante la interacción de los subsistemas de creencias. El input son las impresiones sensoriales y su propiedad emergente son los pensamientos.

El sistema de creencias activo define la **personalidad** del sistema humano.

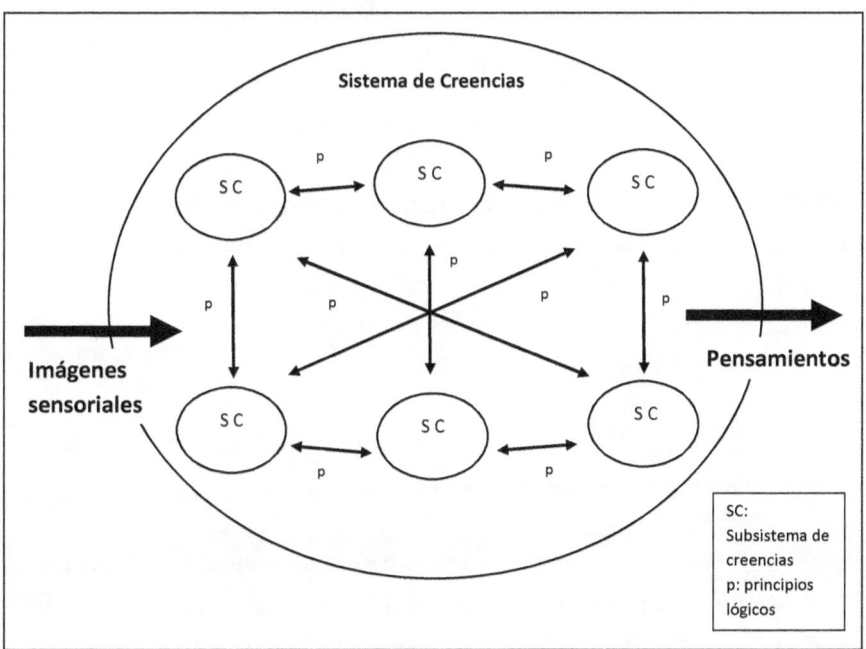

Figura 4: Sistema de creencias.

Las imágenes sensoriales que ingresan al sistema de creencias son decodificadas por el mismo y, como resultado, emergen los pensamientos.

Los **pensamientos** son ideas que tienen una cierta carga e intensidad energética y afectan al sistema corporal.

Cada pensamiento está constituido por los mismos cuatro elementos que forman a las creencias: polo, intensidad, imágenes sensoriales y sentido lingüístico.

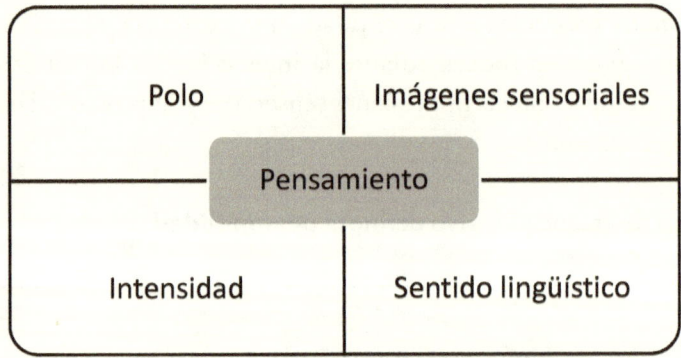

Figura 5: Elementos de un pensamiento.

La principal diferencia entre los pensamientos y las creencias es que los primeros afectan directamente al sistema corporal, mientras que las creencias no afectan directamente al sistema corporal. Además, las creencias son parte de una red, y los pensamientos no. Ellos, en cambio, son la propiedad emergente de esa red.

Los pensamientos generan múltiples efectos sobre el sistema corporal. Uno de estos efectos son las emociones.

Las **emociones** son sensaciones corporales causadas por los pensamientos. La emoción es sinónimo de sentimiento. El sentimiento es la acción y efecto de sentir. Sentir es la acción de reconocer bio-sensorialmente la estructura del pensamiento.

La estructura del pensamiento está formada por sus elementos constitutivos: imágenes sensoriales, sentido lingüístico, polo e intensidad. Ella determina el tipo de reconocimiento bio-sensorial que realizará el sistema corporal y, por ende, el tipo de emoción que va a experimentar el organismo.

De acuerdo con la ley de correspondencia, los pensamientos de carga positiva generan emociones de carga positiva y los pensamientos de polo negativo generan emociones de polo negativo. Además, según la ley de intensidad proporcional, la intensidad energética de la emoción es igual a la intensidad energética del pensamiento que la está generando. Por ejemplo, si la intensidad energética del pensamiento positivo X es ocho, la emoción que el mismo genere será de polo positivo, con un nivel ocho de intensidad. De la misma manera, si el pensamiento negativo Z tiene un nivel de intensidad de tres puntos, la emoción generada será negativa, con un nivel tres de intensidad.

Los pensamientos son las causas de las emociones. Los pensamientos y las emociones son las causas de los comportamientos.

Los **comportamientos** son acciones corporales (físicas y/o lingüísticas) que afectan la realidad.

La secuencia que acabamos de describir puede verse sintetizada en la **ley de manifestación humana**: existe un determinado orden de manifestación que comienza con las creencias y finaliza con los comportamientos.

Las creencias son las causas de los pensamientos. Los pensamientos son las causas de las emociones. Los pensamientos y las emociones son las causas de los comportamientos. Los niveles de dicha secuencia son denominados **niveles de manifestación**.

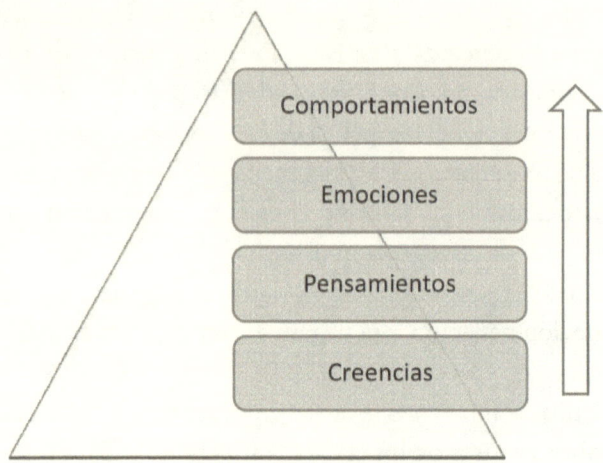

Figura 6: Niveles de manifestación humana.

Para ilustrar estos conceptos y procesos, tomemos el ejemplo de una persona que está sentada en una habitación desayunando.[5] Su aparato biológico de percepción está captando con sus sentidos biológicos una serie de estímulos externos: la imagen visual de la habitación con la ventana cerrada, el aroma y sabor del café, el sonido de la taza al apoyarse sobre el plato, la sensación corporal interna del calor del café, la temperatura del ambiente.

Dichos estímulos son transmitidos a través de su sistema cerebral al sistema sensorial mental, el cual decodifica la información que recibe a través de los tipos sensoriales y la convierte en una serie de imágenes sensoriales mentales, las cuales son captadas por su sistema de creencias.

Estas imágenes sensoriales generan resonancia con la creencia "hace calor en esta habitación", asignándole ese sentido lingüístico al conjunto de imágenes. Como el sistema de creencias está constituido por una estructura de creencias interdependientes, las impresiones sensoriales ingresantes, además, generan resonancia con un conjunto de creencias asociadas, como "no tolero el calor", "cuando siento calor, estoy incómodo", etc. En consecuencia, de la interacción de este grupo de creencias, emerge el

---

[5] A fines didácticos, todos los ejemplos que serán enunciados en este libro constituirán una sobre-simplificación de la complejidad de los fenómenos que esta teoría busca explicar.

siguiente pensamiento de su sistema mental: "estoy incómodo", con una carga negativa de cierto grado de intensidad.

Ese pensamiento ingresa a su sistema corporal, donde su sistema emocional emite la emoción de "fastidio" (con una carga negativa de igual grado de intensidad que el pensamiento que la ha generado), lo que impulsa al individuo a llevar a cabo el comportamiento de abrir la ventana.

Como resultado, entra una brisa de aire fresco, lo cual constituye un nuevo estímulo externo que la persona va a decodificar.

Vemos en este caso que el comportamiento llevado a cabo por la persona, los resultados que dicho comportamiento generó y las emociones que sintió, fueron el efecto de la forma en que su sistema de creencias decodificó los estímulos y de los pensamientos que emitió en consecuencia.

En el ejemplo, hemos sobre-simplificado el fenómeno, ya que existen otras series de ciclos de razonamiento intermedios que llevan al sistema humano a ejecutar el comportamiento. En este sentido, el pensamiento "estoy incómodo" y la emoción de fastidio correspondiente han ingresado como un nuevo estímulo interno al sistema mental, el cual ha sido decodificado nuevamente por el sistema de creencias, resonando allí con: "la ventana está cerrada", "afuera es un lindo día de primavera", "en los días de primavera corre una brisa fresca desde la ventana", "si dejo entrar una brisa de aire me voy a sentir mejor", etc. En consecuencia, de la interacción de este grupo de creencias ha emergido el siguiente pensamiento de su sistema mental: "voy a abrir la ventana".

Todos los comportamientos que lleva a cabo un sistema humano obedecen a ciertos pensamientos de futuro.

Según la **ley de comportamiento manifiesto**, todas las acciones corporales que manifiesta un sistema humano son la consecuencia de pensamientos proyectivos y pensamientos ordenadores que habilitan a las mismas.

Los **pensamientos proyectivos** son pensamientos de futuro que anticipan la acción que el sistema humano va a ejecutar (por ejemplo, "voy a abrir la ventana", donde el sistema humano se ve a sí mismo realizando esa acción). Los **pensamientos ordenadores de comportamiento** son responsables de ordenar al cuerpo la ejecución de un comportamiento que materializa al pensamiento proyectivo. Es decir, le ordenan al sistema corporal a ejecutar el comportamiento deseado, el cual se corresponde con la acción visualizada en el pensamiento proyectivo (por ejemplo, "abre la ventana").

Cabe recordar que el sistema humano solo es consciente de una pequeña fracción de información sobre los múltiples y diversos patrones de pensamientos que genera.

Los comportamientos producen una alteración específica de la realidad. Toda alteración de la realidad generada por el comportamiento se define como **resultado**.

La **realidad** es todo lo que acontece. Desde el punto de vista de un sistema humano, la realidad puede ser de naturaleza **interna** (cuando acontece en su sistema mental o corporal) o **externa** (cuando sucede en su entorno).

El resultado externo es toda alteración de la realidad externa (entorno) generada por el comportamiento. El resultado interno es toda alteración de la realidad interna generada por el comportamiento.

Los resultados, por su parte, pueden generar nuevos estímulos para la secuencia de manifestación humana.

Todos los estímulos, sean de origen interno o externo, son moldeados por las creencias activas de cada sistema humano a través del proceso de decodificación. A su vez, todos los pensamientos, emociones y comportamientos son una consecuencia de ciertas asociaciones de creencias activas.

Figura 7: Secuencia de manifestación-resultados-estímulos.

*El sistema humano solo es parcialmente responsable de los resultados, ya que los mismos surgen de la interacción del sistema humano con la realidad.

Tipos de realidades y estímulos

La **realidad** es el conjunto de fenómenos que acontecen. Desde el punto de vista del sistema humano, la misma puede dividirse en realidad no percibida y realidad percibida.

La **realidad no percibida** es el conjunto de fenómenos que acontecen y no son captados sensorialmente por el sistema humano.

La **realidad percibida** es el conjunto de fenómenos que acontecen y que son captados sensorialmente por el sistema humano.

La **realidad interna** es el conjunto de fenómenos que acontecen dentro del sistema humano. La realidad interna puede dividirse en realidad interna mental y realidad interna corporal.

La **realidad interna mental** es el conjunto de fenómenos que acontecen en el sistema mental.

La **realidad interna corporal** es el conjunto de fenómenos que acontecen en el sistema corporal.

La **realidad externa** es el conjunto de fenómenos que acontecen en el entorno del sistema humano. Se denomina **entorno** a la realidad externa con la que interactúa el sistema humano.

La **realidad consciente** es el conjunto de fenómenos percibidos y reconocidos por el sistema humano.

La **realidad inconsciente** es el conjunto de fenómenos percibidos pero no reconocidos por el sistema humano.

Cabe destacar que la clasificación de realidad consciente e inconsciente interesa aplicarla a la realidad percibida, dado que el sistema humano es siempre inconsciente de la realidad no percibida.

Realizamos esta división sobre los distintos tipos de realidades para facilitar el análisis y la clasificación de los fenómenos y estímulos que afectan al sistema humano. Sin embargo, es importante aclarar que la realidad percibida siempre acontece en la mente, dado que todas las imágenes sensoriales que la constituyen acontecen en el sistema mental, a pesar de que su procedencia pueda ser externa. Los fenómenos para el ser humano son experiencias mentales sobre la realidad interna o externa, dado que las imágenes sensoriales que los definen son elementos de la mente.

A lo largo de este libro, cuando hablemos del concepto de realidad estaremos haciendo referencia solamente a la realidad percibida por el sistema humano.

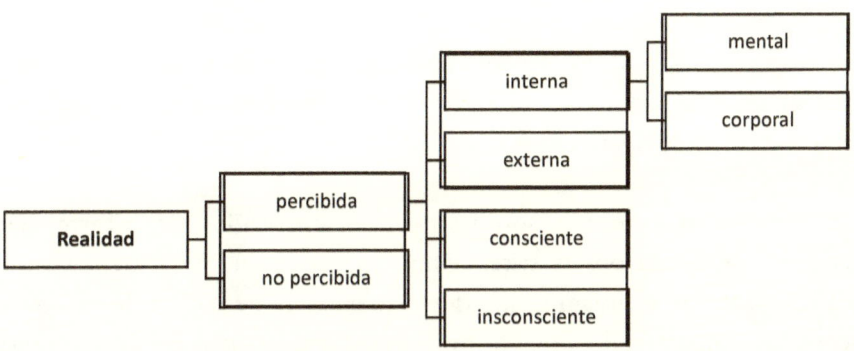

Figura 8: Tipos de realidades.

La percepción es la acción y efecto de percibir. **Percibir** es captar los acontecimientos de la realidad mediante el uso de los sentidos.

La **percepción individual** es la captación sensorial que realiza un sistema humano individual de los fenómenos de la realidad.

La **percepción social** es la captación sensorial que realiza un sistema social de los fenómenos de la realidad.

Los fenómenos de la realidad percibidos constituyen información sensorial y también se denominan estímulos sensoriales.

El estímulo es la acción y efecto de estimular. Estimular es incitar a un sistema a que produzca un determinado efecto.

Los **estímulos sensoriales** son fragmentos unificados de información sensorial percibida por el sistema humano receptor, provenientes de la realidad interna o externa al mismo, que desencadenan la gestación de imágenes sensoriales.

Los **estímulos sensoriales individuales** son fragmentos unificados de información sensorial percibida por el sistema humano individual receptor, provenientes de la realidad interna o externa al mismo, que desencadenan la gestación de imágenes sensoriales individuales.

Los **estímulos sociales** (o estímulos sensoriales sociales) son fragmentos unificados de información sensorial percibida por el sistema social receptor, provenientes de la realidad interna o externa al mismo, que desencadenan la gestación de imágenes sensoriales sociales.

Los **estímulos internos** son fragmentos unificados de información sensorial percibida por el sistema humano receptor, provenientes de la realidad interna al mismo, que desencadenan la gestación de imágenes sensoriales internas. Existen dos tipos de estímulos internos: los estímulos mentales y los estímulos internos corporales.

Los **estímulos mentales** son fragmentos unificados de información sensorial percibida por el sistema humano receptor, provenientes de la realidad mental, que desencadenan la gestación de imágenes sensoriales internas mentales. También se pueden denominar pensamientos.

Los **estímulos internos corporales** son fragmentos unificados de información sensorial percibida por el sistema humano receptor, provenientes de la realidad interna corporal, que desencadenan la gestación de imágenes sensoriales internas corporales.

Los **estímulos externos** son fragmentos unificados de información sensorial percibida por el sistema humano receptor, provenientes de la realidad externa, que desencadenan la gestación de imágenes sensoriales externas.

Los **estímulos inconscientes** son fragmentos unificados de información sensorial percibida por el sistema humano receptor, que desencadenan la gestación de imágenes sensoriales no reconocidas por el mismo (también denominadas imágenes sensoriales inconscientes).

Los **estímulos conscientes** son fragmentos unificados de información sensorial percibida por el sistema humano receptor, que desencadenan la gestación de imágenes sensoriales reconocidas por el mismo (también denominadas imágenes sensoriales conscientes).

El sistema humano toma conciencia de todos los estímulos sensoriales recibidos (tanto internos como externos) en su espacio mental. Las imágenes sensoriales suceden en su mente, tanto las que percibe con los sentidos biológicos como las que ha recordado o inventando.

El reconocimiento de la percepción de la realidad acontece en la mente.

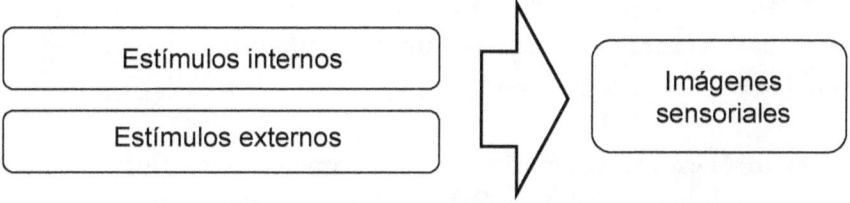

Figura 9: Procedencia de las imágenes sensoriales.

Estilo de vida: sistemas endógenos y exógenos

Llamamos **estilo de vida** al conjunto de condicionamientos y recursos que restringen y habilitan, respectivamente, a un sistema humano. El mismo es una confluencia de factores endógenos y exógenos que definen el modo de vida de un sistema humano.

Los **factores endógenos** son el conjunto de condicionamientos y recursos, originados en la realidad interna de un sistema humano, que restringen y habilitan al mismo, respectivamente.

Los **factores exógenos** son el conjunto de condicionamientos y recursos, originados en la realidad externa de un sistema humano, que restringen y habilitan al mismo, respectivamente.

Existen distintos tipos de factores endógenos que constituyen distintos tipos de sistemas endógenos. A su vez, existen distintos tipos de factores exógenos que constituyen distintos tipos de sistemas exógenos.

Los sistemas endógenos son los sistemas que definen la realidad interna del sistema humano.

Los sistemas exógenos son los sistemas que definen la realidad externa que afecta al sistema humano.

El estilo de vida un sistema humano está determinado por la interacción de los sistemas endógenos y los sistemas exógenos que lo constituyen y afectan al mismo.

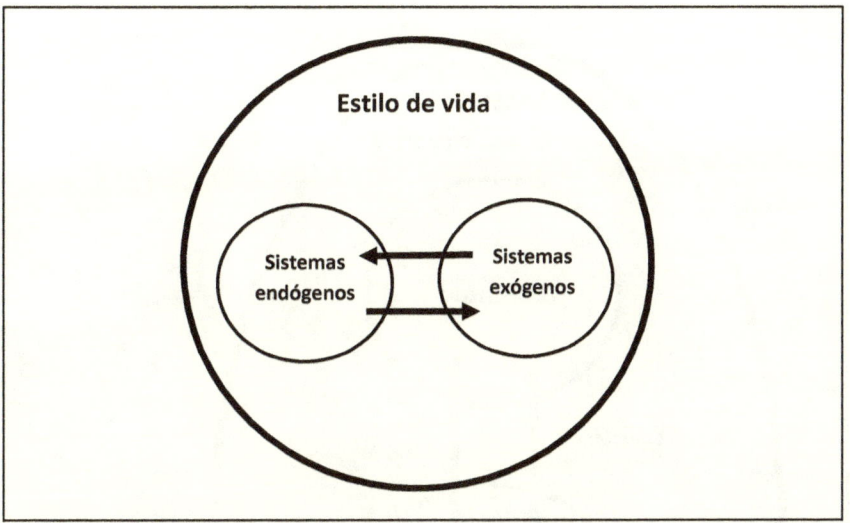

Figura 10: Estilo de vida del sistema humano.

En el grupo de los **sistemas endógenos** (al cual podemos definir como sistema global endógeno) nos encontramos con las entidades fundamentales que constituyen la realidad interna de los sistemas humanos: la voluntad, el sistema mental y el sistema corporal.

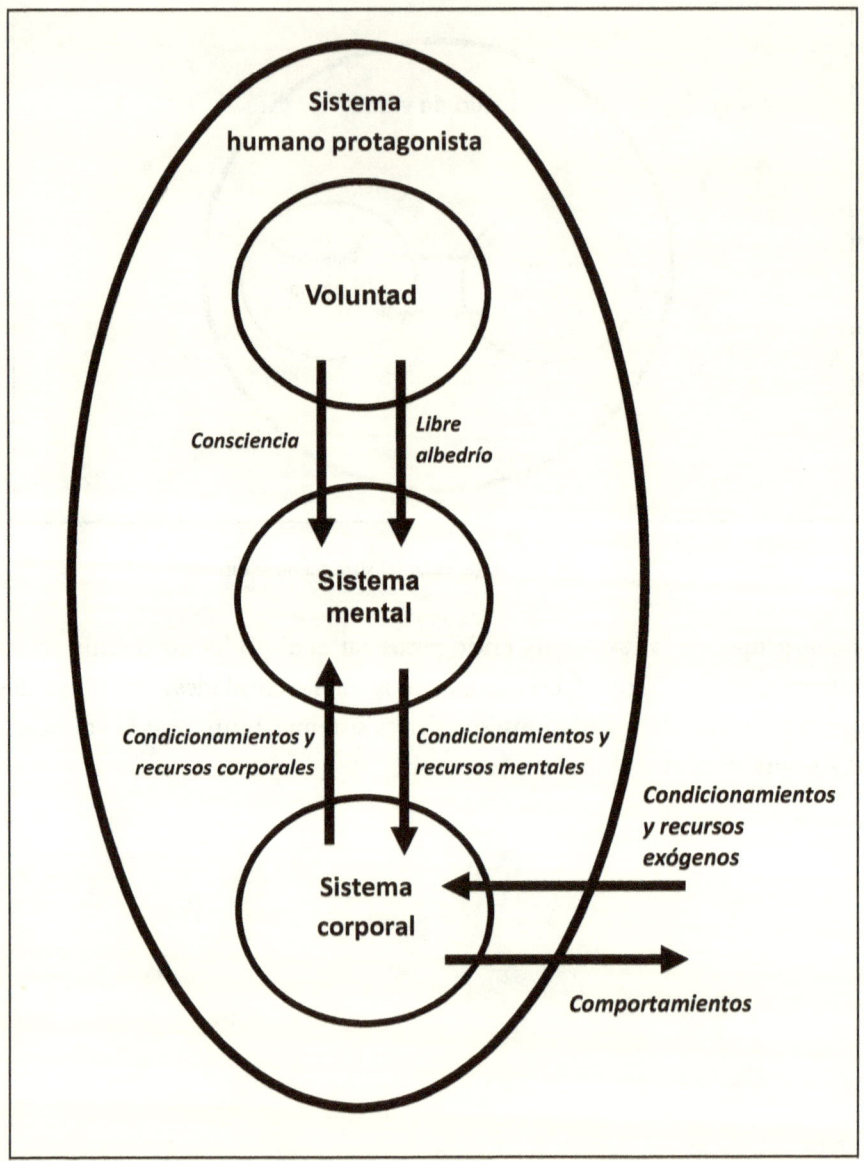

Figura 11: Sistema global endógeno.

En el grupo de los **sistemas exógenos** (al cual podemos definir como sistema global exógeno) nos encontramos con los subsistemas que constituyen la realidad externa de los sistemas humanos: los sistemas naturales, los sistemas artificiales y los sistemas estatales.

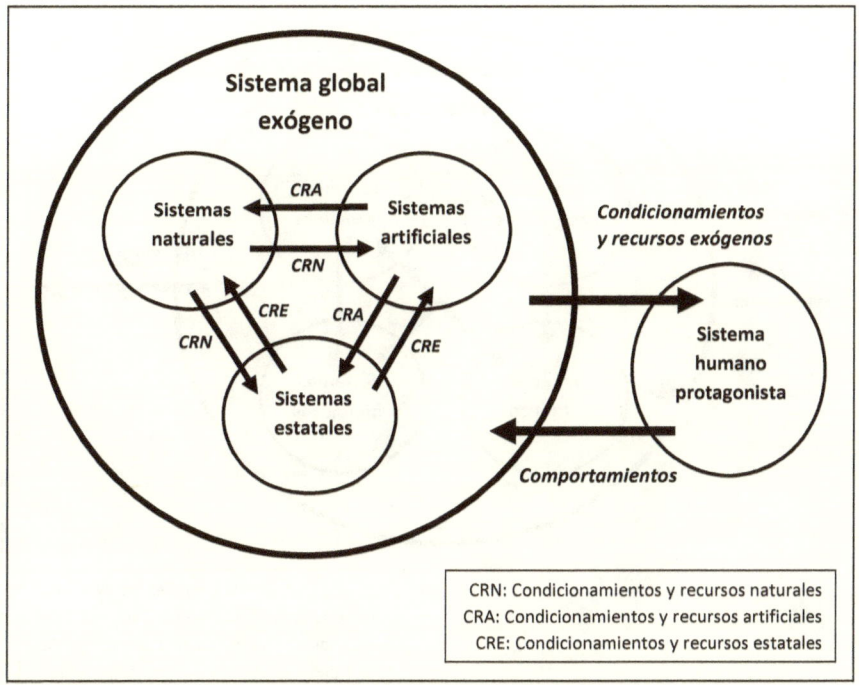

Figura 12: Sistema global exógeno.

Los **sistemas naturales**, también denominados sistemas ecológicos, son una entidad cuya existencia y funcionamiento se justifica como un todo mediante la interacción de los sistemas geográficos, oceánicos, climáticos y biológicos entre sí.

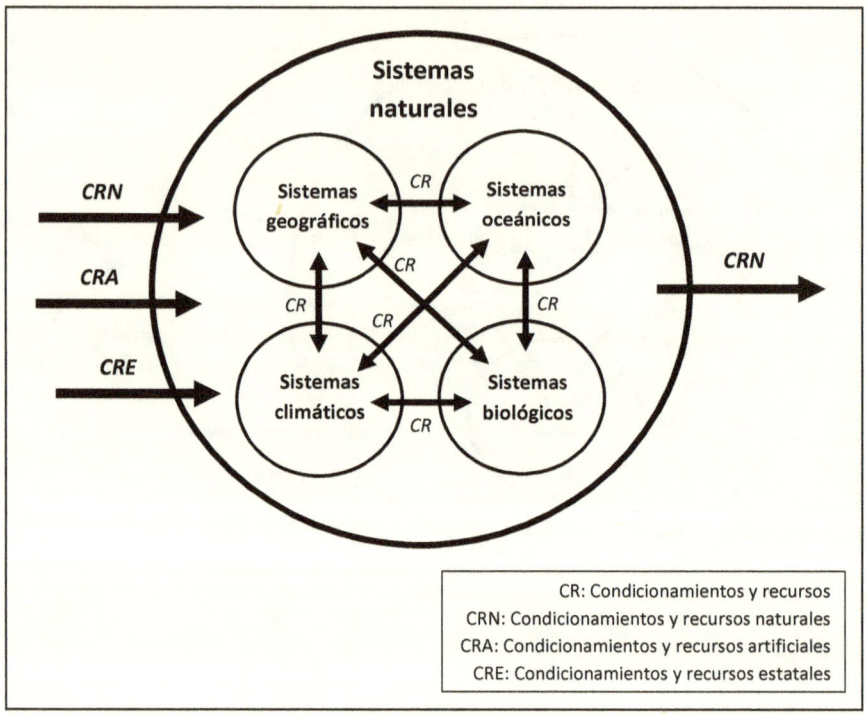

Figura 13: Sistemas naturales.

Los **sistemas artificiales**, también denominados sistemas tecnológicos, son una entidad cuya existencia y funcionamiento se justifica como un todo mediante la interacción de los sistemas industriales y los sistemas educativos entre sí. Cabe destacar que la tecnología es el conjunto de conocimientos y técnicas que habilitan el desarrollo de ciertas industrias y bienes afines.

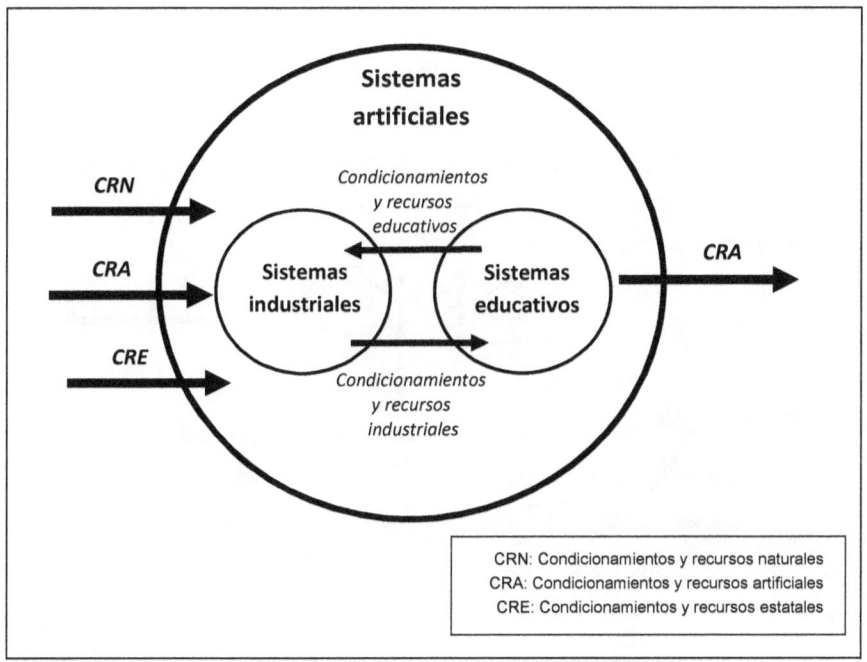

Figura 14: Sistemas artificiales.

Los **sistemas estatales** son una entidad cuya existencia y funcionamiento se justifica como un todo mediante la interacción de los sistemas políticos y de los sistemas civiles entre sí.

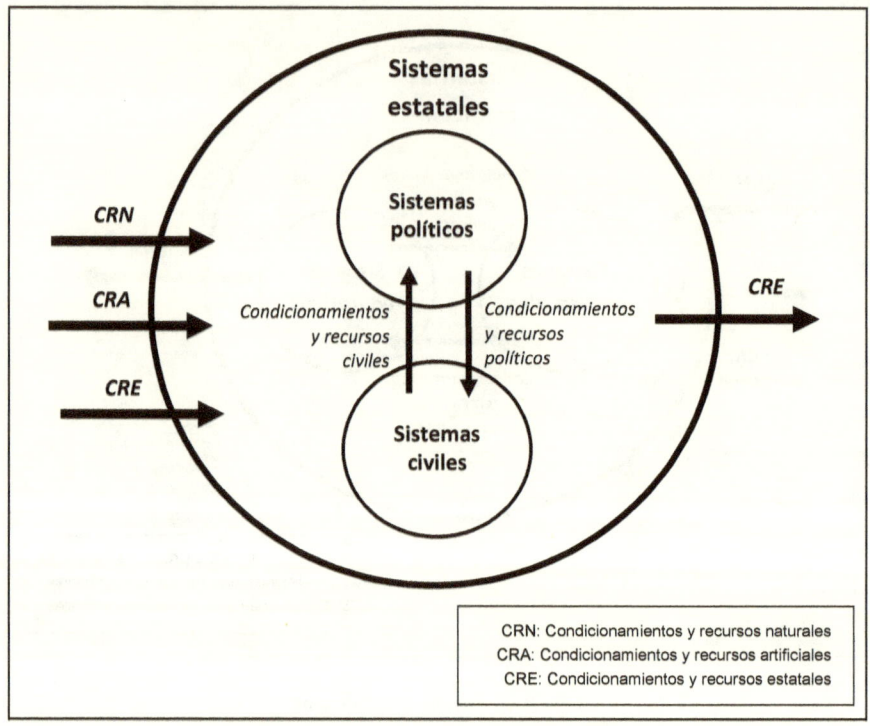

Figura 15: Sistemas estatales.

Los sistemas exógenos son todos los sistemas que forman parte del entorno del sistema humano protagonista y, por ende, son capaces de afectarlo.

Para fines prácticos y útiles al estudio de la toma de decisiones, he decidido agrupar a los distintos sistemas exógenos en tres grandes subsistemas: el sistema artificial, el sistema natural y el sistema estatal.

Por supuesto que la categorización de los distintos sistemas exógenos puede alterarse, dependiendo del caso de estudio, pero a fines prácticos y didácticos en la teoría, estos tres grandes grupos son representativos de tres realidades externas que están permanentemente condicionando al sistema humano en el proceso de toma de decisiones.

El hecho de desarrollar una clasificación general de los sistemas exógenos que afectan al sistema humano protagonista se corresponde con una mirada global de la realidad.

En relación al estudio de un caso particular, puede ser más pertinente realizar una expresión singular de los sistemas exógenos que afectan al sistema humano protagonista, dado que se corresponde con el estudio de su entorno más cercano, más allá de que dicho sistema humano protagonista forma parte de un sistema global que lo afecta.

La pregunta relevante a responder es la siguiente: ¿cómo afectan estos sistemas exógenos al sistema humano protagonista?

Estos tres sistemas anteriormente mencionados afectan al protagonista de acuerdo a las interacciones que desarrollan con el mismo.

Para evaluar dichas interacciones, hay que prestar atención a los tipos de outputs que generan.

El sistema natural genera un conjunto de condicionamientos y recursos naturales, también denominados **factores naturales**.

El sistema artificial genera un conjunto de condicionamientos y recursos artificiales, también denominados **factores artificiales**.

El sistema estatal genera un conjunto de condicionamientos y recursos estatales, también denominados **factores estatales**.

Sus respectivas interacciones con el protagonista dependerán, además de sus outputs, de cómo los tres sistemas externos se relacionen entre sí.

Por su parte, los sistemas endógenos generan un conjunto de recursos y condicionamientos espirituales, mentales y corporales, denominados **factores espirituales, mentales y corporales**, respectivamente.

En definitiva, la manifestación del sistema humano protagonista es un producto de la interacción de sus factores endógenos y exógenos, que definen su particular estilo de vida.

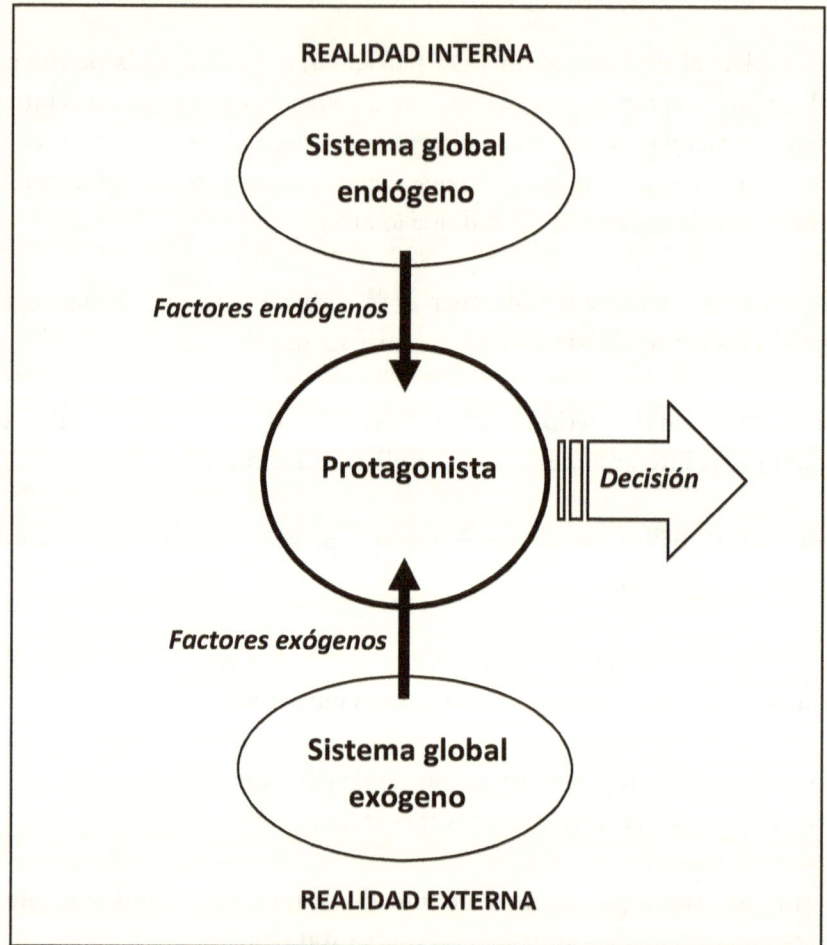

Figura 16: Estilo de vida.

Estilo de vida			
Factores exógenos		**Factores endógenos**	
Condicionamientos	Recursos	Condicionamientos	Recursos
Naturales		Espirituales	
Artificiales		Mentales	
Estatales		Corporales	

Figura 17: Estilo de vida.

Cabe aclarar que, de aquí en adelante, solo prestaremos atención a los factores mentales y corporales como factores endógenos, dado que la mente es un dominio del alma y que los recursos espirituales se manifiestan a través de la mente.

Existe un estilo de vida actual y un estilo de vida deseado.

El **estilo de vida actual** es el conjunto de factores endógenos y exógenos que definen el modo de vida presente de un sistema humano.

El **estilo de vida deseado** es el conjunto de factores endógenos y exógenos que definen el modo de vida deseado de un sistema humano.

En general, los sistemas humanos tienden a adoptar decisiones que contribuyen a construir, en alguna medida, el estilo de vida deseado.

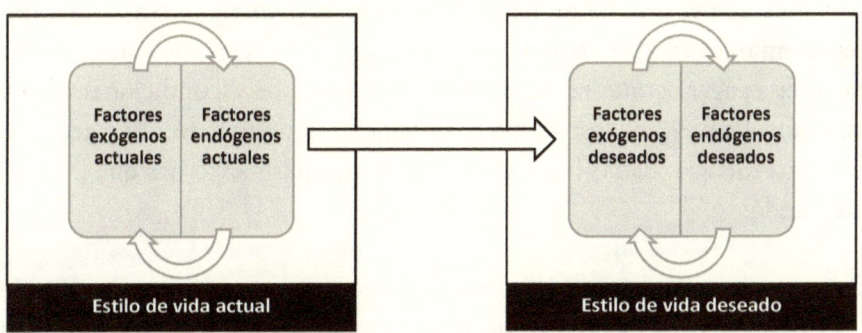

Figura 18: Estilo de vida actual y estilo de vida deseado.

EL SISTEMA DE DECISIÓN

La decisión es la acción y efecto de decidir.

Decidir es la acción mental por medio de la cual se determinan las opciones de manifestación, restringidas o habilitadas por ciertos factores endógenos y exógenos, y se selecciona aquella que es considerada más valiosa de acuerdo a la estructura de preferencias del ente responsable.

Sabemos que el sistema humano tiene factores mentales y corporales que representan ciertos recursos y condicionamientos internos y, a su vez, tiene factores exógenos que representan ciertos recursos y condicionamientos externos. La pregunta es: ¿cómo el sistema humano va a decidir y accionar en consecuencia, dadas las circunstancias internas y externas que lo están afectando?

Existe un programa mental que resuelve este interrogante y aporta solución a la necesidad de decisión que enfrentan todos los sistemas humanos inmersos en sus respectivas realidades. Este subsistema de creencias se denomina sistema de decisión.

El **sistema de decisión** es un subsistema de creencias cuya existencia y funcionamiento se justifica como un todo mediante la interacción del sistema de valoración y el sistema de evaluación de viabilidad entre sí. El input son las imágenes sensoriales (internas y externas) y el output son los decisiones.

Las decisiones son pensamientos proyectivos que determinan las acciones corporales futuras que realizará el sistema humano.

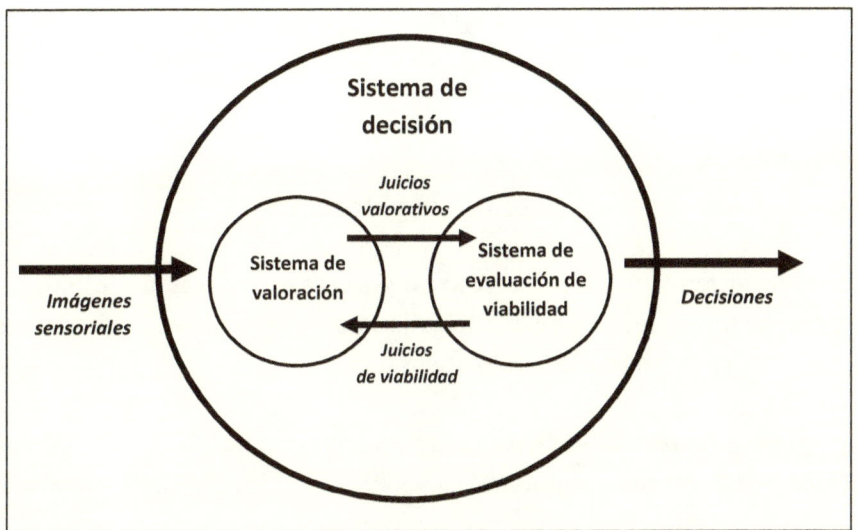

Figura 19: Sistema de decisión.

El **sistema de valoración** es un subsistema de creencias que asigna un cierto grado de valor relativo, positivo o negativo, a cada elemento de la realidad percibida.

Cuando el sistema humano contempla opciones de manifestación, su sistema de valoración determina el valor relativo de cada opción proyectada. Sin embargo, esto no es suficiente para la toma de decisiones. Para ello, el sistema de valoración interactúa con el sistema de evaluación de viabilidad.

El **sistema de evaluación de viabilidad** es un subsistema de creencias encargado de calcular el grado de viabilidad o inviabilidad de las opciones contempladas.

El **grado de viabilidad** se entiende como el grado de facilidad relativa para conseguir la opción evaluada por el sistema humano. El **grado de inviabilidad** se entiende como el grado de dificultad relativa para conseguir la opción evaluada por el sistema humano.

A continuación, analizaremos los elementos que componen al sistema de decisión, las leyes que regulan sus interrelaciones y cómo influyen en los comportamientos humanos.

El sistema de valoración

Todos los sistemas humanos poseen un **sistema de valoración**. El mismo representa un subsistema de creencias activas que convierte a las imágenes sensoriales en pensamientos valorativos.

Los **pensamientos valorativos** manifiestan una valoración sobre distintos aspectos de la realidad. También se pueden denominar juicios valorativos.

Valorar es asignar un cierto grado de valor relativo, positivo o negativo, a cada elemento de la realidad percibida.

El **valor** es el grado de relevancia relativa, positiva o negativa, que el sistema humano le asigna a ciertos elementos de la realidad.

La **relevancia relativa** es una cuantía de ponderación que se altera de acuerdo a los elementos que se sometan a comparación y evaluación, según los criterios de un determinado sistema de valoración.

Una valoración es la acción y efecto de valorar. Las **valoraciones** se manifiestan a través de juicios de valor o pensamientos valorativos (ambos son sinónimos), los cuales son la propiedad emergente del subsistema de valoración del sistema mental.

El pensamiento valorativo puede ser positivo o negativo. Si es positivo, recibe el nombre de **pensamiento apreciativo**. Si es negativo, también se puede denominar **pensamiento despreciativo**.

Para ilustrar estos conceptos, veamos el ejemplo de una persona que se enfrenta con un estímulo externo. Dicho estímulo (que llamaremos Y1) ingresa a su sistema corporal a través de los sentidos y se transmite al sistema sensorial mental, el cual lo transforma en una imagen sensorial que luego ingresa al sistema de creencias y allí, más específicamente, al sistema de valoración.[6] Supongamos que Y1 es un plato de comida y que, por lo tanto, la imagen sensorial mixta que ingresa al sistema de valoración incluye: la forma, el color, el sabor, el aroma y la sensación corporal interna al probar el primer bocado. Cuando dichas imágenes ingresan al sistema de valoración, el mismo emite un pensamiento valorativo (V1): "este plato es delicioso". V1 es un pensamiento apreciativo, ya que manifiesta una valoración positiva sobre un determinado aspecto de la realidad (Y1).

Sabemos que V1, por ser un pensamiento, posee cuatro elementos: imágenes sensoriales, sentido lingüístico, polo energético (en este caso es positivo) y un nivel de intensidad, que se corresponde con la cantidad de energía de dicho pensamiento. Por convención, determinamos a la intensidad de los pensamientos en una escala del cero al diez. Podemos suponer que V1 tiene una intensidad de ocho puntos, lo cual equivale a la cuantía de ponderación que el sistema humano le asigna al estímulo Y1.

El mismo proceso puede suceder con estímulos internos de carácter mental, por ejemplo, el pensamiento (Y2): "mañana tengo que levantarme temprano". Al ingresar Y2 como estímulo al sistema sensorial mental, este último lo decodifica y transmite al sistema de valoración en la forma de imágenes sensoriales. Dichas imágenes de futuro inventadas de sí mismo haciendo un esfuerzo por levantarse son ponderadas por el sistema de valoración de la persona, el cual emite el pensamiento despreciativo (V2): "no me gusta levantarme temprano", de una intensidad de seis puntos. La intensidad de seis puntos es equivalente al nivel de valoración negativa que tiene V2.

El **sistema de valoración** es una entidad cuya existencia y funcionamiento se justifica como un todo mediante la interacción de los sistemas de valoración interna y externa entre sí. El input del sistema de valoración son las imágenes sensoriales y el output son los pensamientos valorativos.

---

[6] Este proceso puede verse ilustrado en la figura 1.

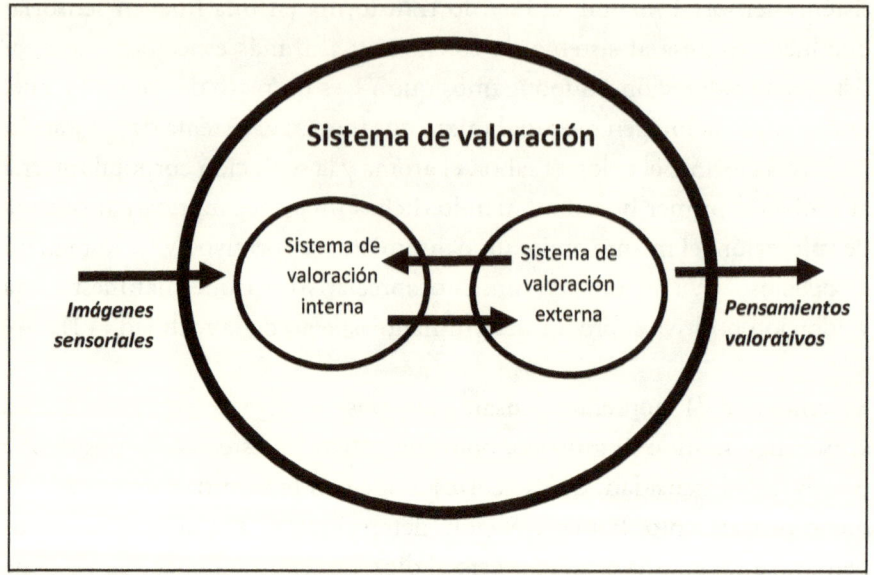

Figura 20: Sistema de valoración.

El **sistema de valoración interna** (o **sistema de autovaloración**) es una entidad cuya existencia y funcionamiento se justifica como un todo mediante la interacción de los criterios de autovaloración positivos y negativos entre sí. El sistema de autovaloración determina el mecanismo mediante el cual el sistema humano asigna valoraciones, positivas o negativas, a los distintos aspectos de la realidad interna del mismo.

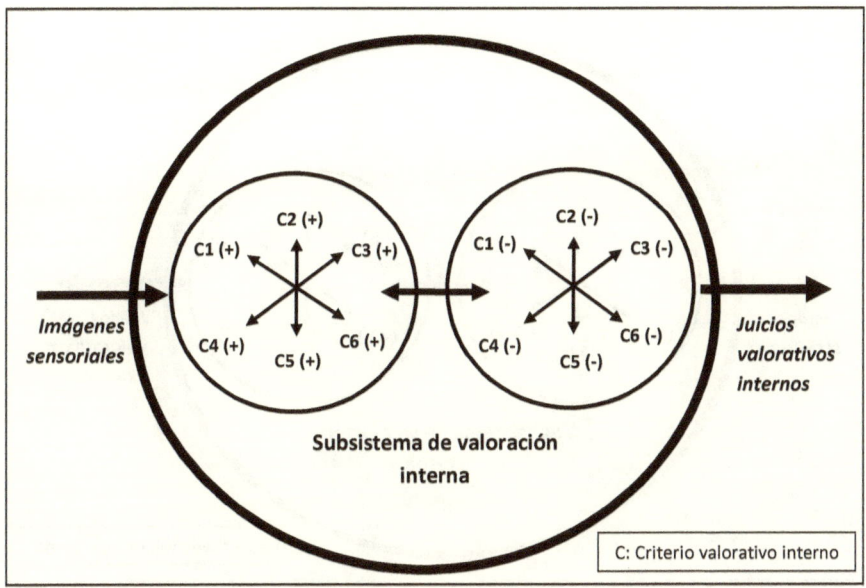

Figura 21: Subsistema de valoración interna (autovaloración).

El **sistema de valoración externa** es una entidad cuya existencia y funcionamiento se justifica como un todo mediante la interacción de los criterios de valoración externos positivos y negativos entre sí. El sistema de valoración externa determina el mecanismo mediante el cual el sistema humano asigna valoraciones, positivas o negativas, a los distintos elementos de la realidad externa del mismo.

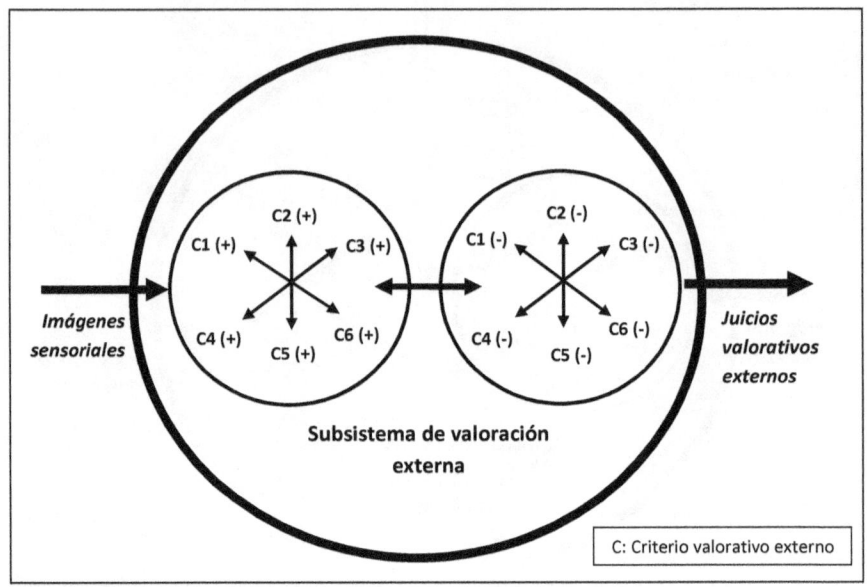

Figura 22: Subsistema de valoración externa.

Los **criterios de valoración** son asociaciones de creencias normativas valorativas que constituyen a los subsistemas de valoración y contribuyen a generar los diversos juicios ponderativos sobre los distintos elementos de la realidad que definen al sistema humano y a su entorno.

Los criterios valorativos son un conjunto de argumentos que contribuyen a validar o no, en cierta medida, todos los factores de la realidad. Los factores que se validan poseen una valoración positiva y los factores que se invalidan poseen una valoración negativa. Los factores del entorno son juzgados por los criterios valorativos externos y los factores de la realidad interna son juzgados por los criterios de autovaloración.

Por ejemplo, supongamos que una persona está frente a un espejo observando su figura. La imagen sensorial visual de su cuerpo reflejado en el espejo (estímulo Y), al ingresar a su sistema de creencias, resuena con un conjunto de criterios valorativos, que pueden ser sintetizados de la siguiente manera:

- Criterios de valoración externa positivos: "las personas con el tipo de cuerpo X son más bonitas", "la sociedad valora a las personas con el tipo de cuerpo X", "en las revistas de moda siempre hay fotos de personas con el tipo de cuerpo X".

- <u>Criterios de valoración externa negativos</u>: "las personas con el tipo de cuerpo Z son más desagradables", "la sociedad no valora a las personas con el tipo de cuerpo Z", "en la televisión, las personas del tipo de cuerpo Z son objeto de burla".

- <u>Criterios de autovaloración positivos</u>: "cuando tengo el tipo de cuerpo X, soy más bonita", "si soy bonita, la gente me aprecia", "cuando la gente me aprecia, me valoro más".

- <u>Criterios de autovaloración negativos</u>: "cuando tengo el tipo de cuerpo Z, soy más desagradable", "si soy desagradable, la gente me desprecia", "cuando la gente me desprecia, me valoro menos".

De la interacción de dichos criterios, de acuerdo a la intensidad energética de los mismos y su resonancia con el estímulo ingresante, puede surgir un pensamiento apreciativo (V1) de polo positivo con un nivel siete de intensidad: "tengo el tipo de cuerpo X, soy bonita, apruebo mi cuerpo" o un pensamiento despreciativo (V2) de polo negativo con un nivel ocho de intensidad: "tengo el tipo de cuerpo Z, soy desagradable, desapruebo mi cuerpo".

Podríamos resumir el ejemplo anterior de la siguiente manera:

Si Y=X, V1= + 7

Si Y=Z, V2 = − 8

Dónde:

- o Y es el estímulo
- o X es el tipo de cuerpo X
- o Z es el tipo de cuerpo Z
- o V1 es el pensamiento apreciativo
- o V2 es el pensamiento despreciativo
- o El signo + representa el polo positivo
- o El signo − representa el polo negativo
- o Los números representan en términos absolutos el nivel de intensidad

El nivel de valoración (positiva o negativa) del pensamiento se corresponderá con el nivel de intensidad (positiva o negativa, respectivamente) que el mismo exprese.

El sistema de valoración determina y constituye una **estructura de valoraciones** (o "jerarquía de valoraciones"). La misma es una estructura de juicios valorativos ordenados jerárquicamente de acuerdo a las ponderaciones relativas asignadas a los distintos estímulos.

Veamos el ejemplo de una persona que está en su oficina y se imagina tres posibles actividades que podría realizar en las próximas vacaciones. Esos pensamientos de futuro son: "podría descansar en una playa" (Y1), "podría quedarme en la oficina terminando el proyecto en el que estoy trabajando" (Y2) y "podría quedarme en mi casa y arreglarla" (Y3). Al ingresar dichas imágenes sensoriales al sistema de valoración, el mismo emite tres pensamientos valorativos, respectivamente: "disfruto de un descanso en la playa" (V1), "valoro terminar el proyecto en el que estoy trabajando" (V2) y "me gusta vivir en un casa arreglada" (V3). Estos tres pensamientos apreciativos tienen una intensidad de nueve, cinco y dos puntos respectivamente. Como resultado, la estructura de valoraciones podrá verse de esta manera:

Estructura de valoraciones

	Pensamientos valorativos	Nivel de valoración
V1	"Disfruto de un descanso en la playa".	(+) 9
V2	"Valoro terminar el proyecto en el que estoy trabajando".	(+) 5
V3	"Me gusta vivir en una casa arreglada".	(+) 2

Figura 23: Estructura de valoraciones. Ejemplo.

Cabe aclarar que la estructura de valoraciones es mutable, se afecta por cada estímulo que recibe y varía según los factores endógenos y exógenos que habilitan y restringen al sistema humano protagonista que se encuentra evaluando.

Tipos de valoraciones

Las valoraciones pueden analizarse de acuerdo a ciertas categorías, algunas de las cuales serán mencionadas a continuación.[7]

Valoración positiva: El sistema humano manifiesta un pensamiento valorativo positivo sobre un determinado fenómeno de la realidad.

Valoración negativa: El sistema humano manifiesta un pensamiento valorativo negativo sobre un determinado fenómeno de la realidad.

Valoración consciente: El sistema humano manifiesta un pensamiento valorativo del cual es consciente sobre un determinado fenómeno.

Valoración inconsciente: El sistema humano manifiesta un pensamiento valorativo del cual es inconsciente sobre un determinado fenómeno.

Valoración fuerte: El sistema humano manifiesta un pensamiento valorativo de una intensidad relativamente alta sobre un determinado fenómeno de la realidad.

Valoración moderada: El sistema humano manifiesta un pensamiento valorativo de una intensidad relativamente moderada sobre un determinado fenómeno de la realidad.

Valoración débil: El sistema humano manifiesta un pensamiento valorativo de una intensidad relativamente débil sobre un determinado fenómeno de la realidad.

Valoración interna: El sistema humano manifiesta un pensamiento valorativo sobre un fenómeno de la realidad interna. Todo tipo de valoración interna también se denomina autovaloración.

---

[7] Las diferentes tipologías que se nombran a lo largo del libro no constituyen necesariamente una lista completa.

Valoración externa: El sistema humano manifiesta un pensamiento valorativo sobre un fenómeno de la realidad externa.

Autovaloración corporal: El sistema humano manifiesta un pensamiento valorativo sobre algún fenómeno relacionado a su sistema corporal.

Autovaloración mental: El sistema humano manifiesta un pensamiento valorativo sobre algún fenómeno relacionado a su sistema mental.

Valoración externa física: El sistema humano manifiesta un pensamiento valorativo sobre algún fenómeno de su entorno físico.

Valoración externa humana: El sistema humano manifiesta un pensamiento valorativo sobre algún sistema humano externo.

Valoración externa corporal: El sistema humano manifiesta un pensamiento valorativo sobre el estado corporal de algún sistema humano externo.

Valoración externa mental: El sistema humano manifiesta un pensamiento valorativo sobre el estado mental de algún sistema humano externo.

Valoración externa individual: El sistema humano manifiesta un pensamiento valorativo sobre un sistema humano individual.

Valoración externa social: El sistema humano manifiesta un pensamiento valorativo sobre un sistema social.

Valoración individual: Un sistema humano individual manifiesta un pensamiento valorativo sobre algún aspecto de la realidad.

Valoración social: Un sistema social manifiesta un pensamiento valorativo sobre algún aspecto de la realidad.

Autovaloración dependiente: El sistema humano necesita adquirir ciertos capitales y vivir determinadas experiencias para poder nutrir su propia autoestima.[8]

Autovaloración independiente: El sistema humano no necesita adquirir ciertos capitales y no necesita vivir determinadas experiencias para poder nutrir su propia autoestima.

Valoración externa influenciable: El sistema humano es influenciado por ciertos agentes en su valoración externa hacia determinados fenómenos.

Autovaloración influenciable: El sistema humano es influenciado por ciertos agentes en relación a su autovaloración.

Autovaloración autónoma: El sistema humano no se deja influenciar por ningún agente externo para emitir un pensamiento valorativo sobre sus propias características.

Valoración externa autónoma: El sistema humano no se deja influenciar por ningún agente con el fin de generar un pensamiento valorativo propio sobre un determinado fenómeno externo.

Autovaloración superior: El sistema humano manifiesta una autovaloración superior comparado con otro u otros sistemas humanos en competencia.

Autovaloración inferior: El sistema humano manifiesta una autovaloración inferior comparado con otro u otros sistemas humanos en competencia.

Autovaloración competitiva: El sistema humano compite con otro u otros sistemas humanos para poder determinar su propia autoestima. La competencia está basada en una evaluación comparativa de uno o varios factores que comparten los sistemas humanos en distintas gradaciones.

---

[8] Este tema será explicado en detalle en el capítulo "La necesidad de autoestima y sus mecanismos de satisfacción".

Cabe destacar que todos los tipos de valoraciones que puede generar el sistema humano son en función de una evaluación comparativa (debido a la relatividad del fenómeno valorativo). Además, las ponderaciones no son absolutas, sino que son gradualistas.

Las ponderaciones se realizan sobre un determinado aspecto de la realidad y las mismas obedecen a distintos criterios valorativos mediante los cuales el sistema humano desarrolla los distintos juicios valorativos.

Es importante aclarar que las tipologías se pueden combinar para poder explicar con mayor precisión un determinado fenómeno de valoración. Por ejemplo, podemos hablar de una "valoración externa positiva fuerte".

Leyes de bienestar y valoración

Según la **ley de maximización del bienestar emocional**, todos los sistemas humanos buscan la maximización del bienestar emocional.

Según la **ley de minimización del malestar emocional**, todos los sistemas humanos buscan la minimización del malestar emocional.

Esto quiere decir que entre dos o más opciones que el sistema humano considere viables, el mismo elegirá siempre la que maximice su bienestar emocional, o la que minimice su malestar (si la opción de bienestar no está disponible).

De acuerdo con la **ley de bienestar**, existe una relación causal directamente proporcional entre el grado relativo de aprobación que manifiesta un pensamiento emergente y el grado relativo de bienestar emocional que experimenta el sistema humano. Cuanto mayor es el grado de aprobación que expresa un pensamiento, mayor es el grado equivalente de bienestar que genera. Cuanto menor es el grado de aprobación que manifiesta un pensamiento, menor es el grado equivalente de bienestar que genera.

Por su parte, la **ley de malestar** determina que existe una relación causal directamente proporcional entre el grado relativo de rechazo que manifiesta un pensamiento emergente y el grado relativo de malestar emocional que experimenta el sistema humano. Cuanto mayor es el grado de rechazo que expresa un pensamiento, mayor es el grado equivalente de malestar emocional que genera. Cuanto menor es el grado de rechazo que expresa un pensamiento, menor es el grado equivalente de malestar emocional que genera.

A su vez, según la **ley de valoración positiva**, existe una relación causal directamente proporcional entre el grado relativo de bienestar emocional que genera un pensamiento y el grado relativo de valoración positiva que el sistema humano le asigna al mismo. Cuanto mayor es el grado de bienestar emocional que genera un pensamiento, mayor es el grado equivalente de valoración positiva que el sistema humano le asigna al mismo. Cuanto menor es el grado de bienestar emocional que genera un pensamiento, menor es el grado equivalente de valoración positiva que el sistema humano le asigna al mismo.

La **ley de valoración negativa** determina que existe una relación causal directamente proporcional entre el grado relativo de malestar emocional que genera un pensamiento y el grado relativo de valoración negativa que el sistema humano le asigna al mismo. Cuanto mayor es el grado de malestar emocional que genera un pensamiento, mayor es el grado equivalente de valoración negativa que el sistema humano le asigna al mismo. Cuanto menor es el grado de malestar emocional que genera un pensamiento, menor es el grado equivalente de valoración negativa que el sistema humano le asigna al mismo.

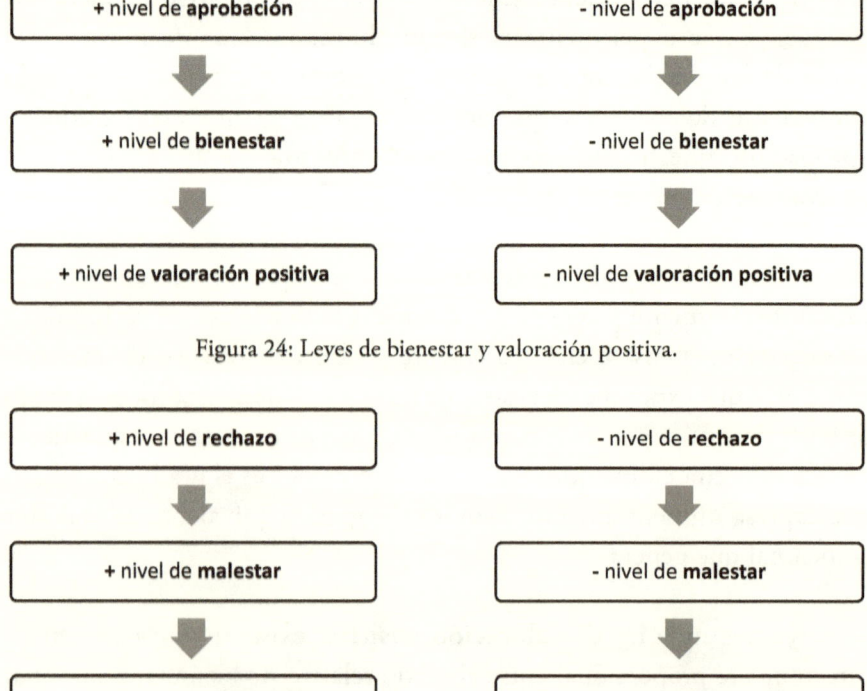

Figura 24: Leyes de bienestar y valoración positiva.

Figura 25: Leyes de malestar y valoración negativa.

Para ilustrar estas leyes, vamos a retomar el ejemplo de la figura 23. Sabemos que, en la estructura de valoraciones de esta persona, V1 ("disfruto de un descanso en la playa") tiene un nivel de valoración positiva de nueve puntos, que V2 ("valoro terminar el proyecto en el que estoy trabajando") tiene un nivel de valoración positiva de cinco puntos y que V3 ("me gusta vivir en una casa arreglada") tiene dos puntos de valoración positiva. Podemos inferir, de acuerdo con las leyes de bienestar y valoración positiva, que V1 genera un bienestar de nueve puntos, V2 cinco puntos y V3 dos puntos, como consecuencia de tener un nivel de aprobación de nueve, cinco y dos puntos respectivamente.

Por la ley de maximización del bienestar emocional, sabemos que este sistema humano elegirá la opción V1 y decidirá actuar en consecuencia, debido a que es la opción viable que mayor bienestar considera que le proporcionará.

Veamos otro ejemplo en donde una persona tiene dos pensamientos despreciativos en su estructura de valoraciones. Por ejemplo, "no me gusta ir a trabajar" (W1), con una valoración negativa de grado cuatro y "no soportaría estar desempleado" (W2), con un grado de valoración negativa de ocho puntos. La ley de valoración negativa nos indica que a esta persona W1 le genera un nivel de malestar de cuatro puntos, como consecuencia de un nivel cuatro de rechazo; y que W2 le genera un nivel de malestar de ocho puntos, como consecuencia de un nivel ocho de rechazo.

Además, por ley de minimización del malestar emocional sabemos que, si este sistema humano no tiene a la vista otra opción, entre el factor ponderado en W1 ("ir a trabajar") y el ponderado en W2 ("estar desempleado") elegirá la opción que menor malestar le genere. Dicha opción es la expresada en W1, por tener un menor nivel de valoración negativa; en otras palabras, la persona decidirá ir a trabajar.

De las leyes mencionadas se desprende la **ley de criterio selectivo**: los pensamientos de futuro relativamente más valorados son los que el sistema humano va a elegir concretar.

Es decir, el sistema humano elegirá concretar la opción proyectada que posea un mayor nivel de valoración positiva o un menor nivel de valoración negativa (en el caso de que no hubiera opciones con valoraciones positivas disponibles).

En los ejemplos que hemos mencionado en este capítulo, la primera persona elegirá concretar la opción ponderada que tiene el mayor nivel de valoración positiva (V1) y la segunda persona se decidirá por la opción proyectada que posee el menor nivel de valoración negativa (W1).

Además de la ley de criterio selectivo, de los postulados enunciados se puede inferir otro principio: la **ley de magnitud ponderativa**. La misma establece que el nivel de valoración positiva de un pensamiento es equivalente al nivel de aprobación que manifiesta el mismo; a su vez, el nivel de valoración negativa de un pensamiento es equivalente al nivel de rechazo que manifiesta el mismo.

Por último, cabe mencionar la **ley de valoración relativa**. La misma establece que todos los valores subjetivos que el sistema humano le asigna a las distintas opciones de la realidad obedecen a una acción de comparación con otros elementos de la realidad.

Para asignar valores a las distintas opciones, el sistema humano necesita ejercer una evaluación comparativa. Las ponderaciones asignadas dependen, entre otras variables, del tipo y cantidad de opciones comparadas.

En conclusión, **no hay valoración sin comparación.** Por eso es que la ponderación asignada a una opción de la realidad es en relación a otras opciones contempladas en el acto de evaluación comparativa. **Esto implica que los niveles de aprobación y rechazo, y los niveles de bienestar y malestar, también son relativos.**

Las valoraciones asignadas que hemos visto en los ejemplos podrían cambiar si el sistema humano introdujera nuevas opciones en su estructura de valoraciones.

Para el primer ejemplo, podríamos pensar que si la persona contemplara la opción de "tomarse un año sabático para recorrer el mundo", la valoración de "descanso en la playa" disminuiría, en comparación con el nuevo pensamiento que no había contemplado antes.

En el segundo ejemplo, si el sistema humano contemplara una opción laboral que le genera un altísimo nivel de rechazo, la valoración de su empleo actual aumentaría (es decir, la persona valoraría más su empleo actual en comparación con uno mucho peor).

Fases en la gestación de los comportamientos racionales

Según la **ley de comportamiento racional**, todos los sistemas humanos racionales desarrollan una serie de comportamientos ordenados que cumplen con un determinado plan para servir a un fin, que consiste en satisfacer una cierta necesidad valorativamente superior a otras, en determinadas circunstancias.

Existen distintas **fases en la gestación de los comportamientos racionales**, que podrían resumirse con el siguiente esquema: el sistema de valoración determina una estructura de valoraciones, que a su vez determina y constituye la estructura de necesidades, la cual determina y constituye la estructura de fines. El sistema humano, posteriormente, realiza una planificación para alcanzar los fines más valorados y procede a ejecutar la secuencia de comportamientos planificados. Los resultados son la interacción de los comportamientos con la realidad. El sistema humano espera que los resultados constituyan la obtención de los fines que le permitirán satisfacer las necesidades que posean un mayor nivel de ponderación (ver figura 26).

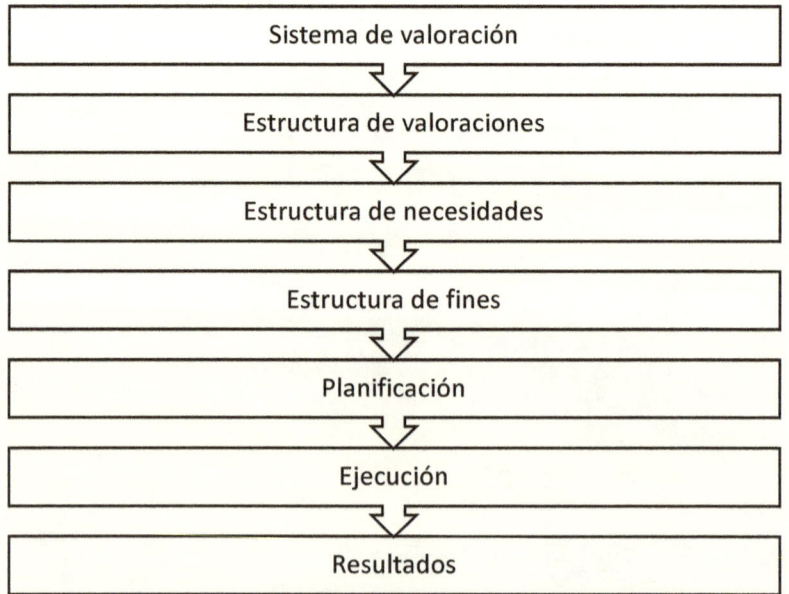

Figura 26: Fases en la gestación y ejecución de los comportamientos racionales.

Sabemos que valorar es asignar un cierto grado de valor, positivo o negativo, a un determinado elemento de la realidad.

El **sistema de valoración** es el subsistema de creencias encargado de valorar todos los estímulos que el sistema mental recibe.

La valoración es la acción y efecto de valorar. Todas las ponderaciones son relativas y se manifiestan a través de juicios de valor (también llamados "pensamientos valorativos"), los cuales son la propiedad emergente del sistema de valoración.

El sistema de valoración determina y constituye la **estructura de valoraciones** (o "jerarquía de valoraciones"), la cual es una estructura de juicios ponderativos.

Cabe recordar que la estructura de valoraciones es mutable, se afecta por cada estímulo que recibe y varía según los factores endógenos y exógenos que habilitan y restringen al sistema humano protagonista que se encuentra evaluando.

Las **necesidades** son carencias que el sistema humano posee y desea satisfacer. Necesitamos algo que valoramos pero no poseemos. Esto quiere decir que no hay necesidad sin un juicio de valoración previo sobre algo que se desea obtener. El reconocimiento de la carencia y, por ende, de la necesidad responde a un ejercicio previo de valoración que determinó el valor positivo de un fenómeno (una experiencia, un bien o un servicio deseado) del cual se carece.

Preferir es ponderar más una opción, comparada con otra u otras. La opción más valorada y preferida es la que se elige. Elegir es seleccionar una opción de manifestación entre varias.

La estructura de valoraciones determina y constituye la **estructura de necesidades**. La misma es una estructura de juicios de necesidad ordenados jerárquicamente de acuerdo a las ponderaciones relativas asignadas a los mismos.

Las necesidades que se desean resolver se convierten en fines que el sistema humano busca atender. Existe una jerarquía de necesidades en función de las distintas valoraciones que se le asignan a las mismas (las cuales están expresadas en la jerarquía de valoraciones). A su vez, existe una jerarquía de fines que depende de la jerarquía de necesidades.

La estructura de necesidades determina y constituye la **estructura de fines**. La misma representa una estructura de juicios teleológicos jerárquicamente ordenados de acuerdo a las valoraciones relativas asignadas a los mismos.

Todos los fines atienden necesidades. Existen múltiples necesidades y, por ende, múltiples fines que el sistema humano tiene el motivo de atender. La multiplicidad de necesidades y fines conlleva a la gestación de una estructura de necesidades y fines, donde la segunda depende de la primera.

Entonces, el proceso hasta el momento sería el siguiente: el sistema humano desarrolla un razonamiento valorativo que reconoce la existencia de una necesidad que desea atender y la convierte en un cierto fin a conseguir. La finalidad que el sistema humano desea atender posiblemente pueda ser atendida por diferentes medios.

El sistema humano emite una serie de pensamientos proyectivos sobre los medios necesarios para alcanzar el fin. Los distintos medios son ponderados y se procede a elegir aquellos que se consideran preferidos. Esta es la etapa de **planificación**.

En definitiva, el sistema de valoración determina la estructura de valoraciones, necesidades, fines y medios para alcanzar dichos fines. Los juicios valorativos se pueden ejercer sobre todo tipo de opciones ponderadas. **Los juicios valorativos se ejercen sobre todos los niveles del proceso de decisión.**

Una vez realizada la planificación, el sistema humano procede a ejecutar la secuencia de comportamientos planificados. Esta constituye la etapa de **ejecución**.

La ejecución de dichos comportamientos provocará una serie de alteraciones de la realidad, definida como **resultados**. El sistema humano buscará que los resultados alcanzados sean la consecución de los fines deseados en esta secuencia.

En la figura 27 ilustramos este proceso con un ejemplo.

Una persona está trabajando en una oficina y se da cuenta de que se acerca el mes en el que puede tomarse vacaciones.

Su **sistema de valoración** genera la siguiente estructura de valoraciones:

Estructura de valoraciones

	Pensamientos valorativos	Nivel de valoración
V1	"Disfruto de un descanso en la playa".	(+) 9
V2	"Valoro terminar el proyecto en el que estoy trabajando".	(+) 5
V3	"Me gusta vivir en una casa arreglada".	(+) 2

Estructura de necesidades

	Juicios de necesidad	Orden jerárquico
N1	"Necesito descansar en la playa".	1
N2	"Necesito terminar un proyecto en el que estoy trabajando".	2
N3	"Necesito vivir en una casa arreglada".	3

Estructura de fines

	Juicios teleológicos	Orden jerárquico
F1	"Voy a tomarme vacaciones y viajar".	1
F2	"No voy a tomarme vacaciones, voy a seguir trabajando".	2
F3	"Voy a tomarme vacaciones y arreglar mi casa".	3

Se elige la opción más valorada: **F1**

Planificación

Pensamientos proyectivos

"Hoy voy a hablar con mi jefe para pedir mis días de vacaciones".

"Este fin de semana voy a investigar posibles destinos y elegir".

"La semana que viene voy a la agencia de turismo para reservar pasajes y estadías".

Ejecución

Se ejecuta la serie de comportamientos planificados.

Resultados

El sistema humano está sentado en la playa durante su período de vacaciones.

Figura 27: Fases en la gestación y ejecución de los comportamientos racionales. Ejemplo.

En el caso de la figura 27, hemos visto una jerarquía de valoraciones con carga positiva. En este ejemplo, dado que todos los juicios son positivos, el sistema elige la opción con el nivel de ponderación positiva más alta y actúa en consecuencia.

Podría suceder, también, que la estructura incluyera valoraciones negativas. En ese caso, las ponderaciones negativas estarían ubicadas debajo de las positivas en el orden jerárquico.

Si la estructura de ponderaciones solo tuviera juicios de valoración negativos, dadas ciertas circunstancias, el sistema humano elegiría la opción negativa con el menor nivel de intensidad.

Veamos una situación en donde una persona está evaluando qué actividad realizar en lo que resta de su día, donde las únicas opciones viables son:

1- "Cuidar a mi madre enferma".
2- "Quedarme en mi casa descansando".

La opción n°1 le genera un malestar de tres puntos, ya que le entristece ver a su madre sufrir. La opción n°2 le provoca un malestar de ocho puntos, que es el grado de intensidad de la culpa que le generaría quedarse en su casa sabiendo que su madre está enferma.

En la figura 28 podemos ver la jerarquía de valoraciones de este sistema humano y cómo la misma se traduce en una jerarquía de necesidades y fines, hasta llegar a la etapa de planificación, ejecución y resultados.

Estructura de valoraciones

	Pensamientos valorativos	Nivel de valoración
V1	"No me gusta cuidar a mi madre enferma".	(-) 3
V2	"Es inadmisible quedarme en mi casa cuando mi madre me necesita".	(-) 8

Estructura de necesidades

	Juicios de necesidad	Orden jerárquico
N1	"Necesito cuidar a mi madre enferma".	1
N2	"Necesito quedarme en mi casa descansando".	2

Estructura de fines

	Juicios teleológicos	Orden jerárquico
F1	"Voy a cuidar a mi madre enferma".	1
F2	"Voy a quedarme en mi casa descansando".	2

Se elige la opción con un menor nivel de valoración negativa: **F1**

Planificación

Pensamientos proyectivos
"Voy a llamar a mi madre para avisarle que estoy yendo para su casa".
"Voy a sacar el coche del garaje".
"Voy a manejar hasta la casa de mi madre".

Ejecución

Se ejecuta la serie de comportamientos planificados.

Resultados

La persona está en la casa de su madre enferma, cuidándola.

Figura 28: Fases en la gestación y ejecución de los comportamientos racionales. Ejemplo.

Hemos visto dos ejemplos sencillos donde suponemos que hay un solo fin para cada necesidad y tres medios que el sistema humano necesita ejecutar para satisfacer ese fin. Sin embargo, las necesidades pueden tener distintos niveles de complejidad.

La complejidad de la necesidad depende de la cantidad de sub-necesidades, fines y medios que hay que atender para llegar a satisfacerla.

Según la **ley de complejidad carencial**, el nivel de complejidad de una necesidad es directamente proporcional a la cantidad de sub-necesidades, fines y medios que hay que atender para satisfacerla. Cuanto mayor es el nivel de complejidad de una carencia, mayor es la cantidad de sub-necesidades, fines y medios que hay que atender para llegar a satisfacerla. Cuanto menor es el nivel de complejidad de una carencia, menor es la cantidad de sub-necesidades, fines y medios que hay que atender para llegar a satisfacerla.

Figura 29: Ley de complejidad carencial.

Hay necesidades muy simples, como puede ser la necesidad que no contiene sub-necesidades y se satisface con un solo fin y un solo medio, por ejemplo: "necesito saciar mi sed" (Nx), "voy a tomar agua" (Fx), "voy a agarrar una botella de agua mineral y voy ingerir el agua" (Mx).

Figura 30: Esquema de necesidad simple. Ejemplo.

También hay necesidades con un alto nivel de complejidad, que requieren de un alto número de sub-necesidades, fines y medios que hay que atender para llegar a satisfacerla. Un ejemplo de este caso sería: "necesito un título universitario" (necesidad superior Ny), que implica las sub-necesidades "necesito dinero para costear mis estudios" (sub-necesidad N_1) y "necesito aprobar treinta y dos materias" (sub-necesidades N_2-N_{33}). La estructura de fines incluye: "voy a buscar un trabajo para costear mis estudios (F_1), "voy a asistir a todas las clases y estudiar para cada uno de los exámenes" (F_2-F_{33}), y la estructura de medios: "voy a escribir mi currículum vitae" (M_1), "voy a leer los avisos clasificados" (M_2), "voy a inscribirme en la universidad" (M_3), "voy a comprar los materiales de estudio" (M_4), etc.

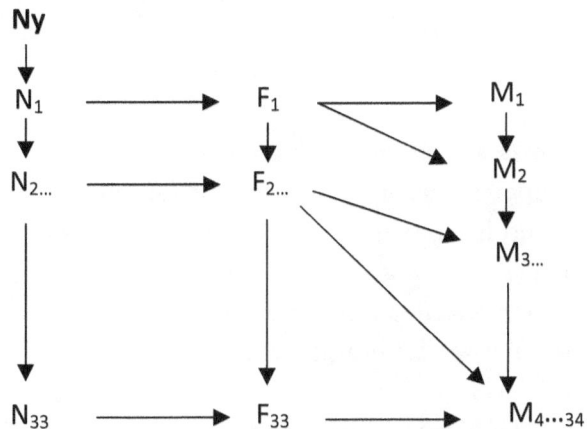

Figura 31: Esquema de necesidad compleja. Ejemplo.

Las necesidades simples requieren de una relativamente pequeña cantidad de acciones y de decisiones para su satisfacción. Las necesidades complejas requieren de una relativamente alta cantidad de acciones y de decisiones para su satisfacción.

Esto es lo que expresa la **ley de complejidad del esquema de decisión**: cuanto más compleja es la necesidad que se desea satisfacer, mayor es la cantidad de decisiones y de acciones que se requieren para su satisfacción; y cuanto más simple es la necesidad que se desea satisfacer, menor es la cantidad de decisiones y de acciones que se requieren para su satisfacción. En otras palabras, cuanto mayor es la complejidad de la necesidad, mayor es la complejidad del esquema de decisión y cuanto menor es la complejidad de la necesidad, menor es la complejidad del esquema de decisión.

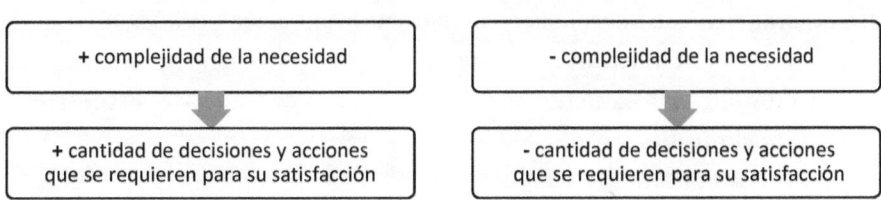

Figura 32: Ley de complejidad del esquema de decisión.

La necesidad de autoestima y sus mecanismos de satisfacción

La **autoestima** en el sistema humano representa la acción y efecto de asignarse a sí mismo una cierta valoración positiva. La estimación es la acción y efecto de estimar. Estimar es apreciar o ponderar positivamente un determinado fenómeno.

De acuerdo con la **ley de autovaloración**, existe una relación causal directamente proporcional entre el nivel de auto-aprobación que manifiesta el sistema humano hacia sí mismo y el nivel de autovaloración positiva que experimenta. Por otro lado, existe una relación causal directamente proporcional entre el nivel de auto-rechazo que manifiesta el sistema humano hacia sí mismo y el nivel de autovaloración negativa que experimenta.

En otras palabras, los pensamientos auto-referenciales positivos contribuyen a aumentar la autoestima y los pensamientos auto-referenciales negativos contribuyen a disminuir la autoestima del sistema humano que los emite.

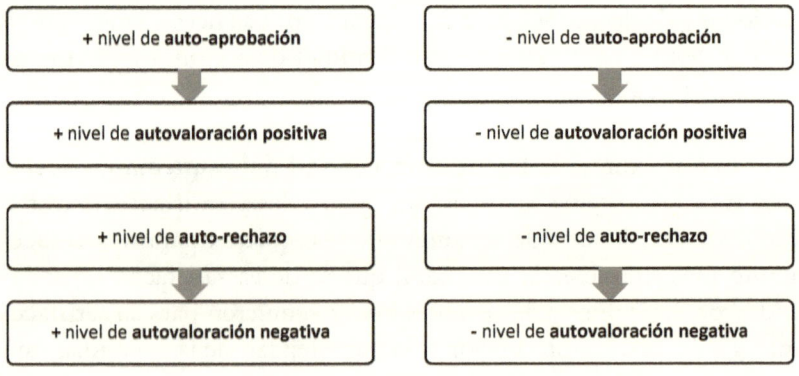

Figura 33: Ley de autovaloración.

En general, para satisfacer la necesidad de autovaloración positiva, el sistema humano busca atender otras necesidades que constituyen los medios para lograr cumplir exitosamente con la particular **ecuación de autoestima** que posee el mismo.

Todos los sistemas humanos necesitan auto-valorarse positivamente. Y todos los sistemas humanos buscan satisfacer esa necesidad. Sin embargo, los mecanismos de satisfacción dependen del sistema de valoración particular que posea cada sistema humano.

Específicamente, el subsistema de autovaloración es el que determina el conjunto de programas que seguirá el sistema humano para lograr la satisfacción de la necesidad de autoestima. La comprensión de estos programas habilita el entendimiento sobre las múltiples necesidades y fines que perseguirá para atender la necesidad de autovaloración positiva.

De lo dicho anteriormente se deduce que la necesidad de autovaloración positiva genera permanentemente múltiples necesidades. Este es el caso de un sistema humano cuya necesidad de autoestima es dependiente. El fenómeno de **dependencia valorativa** es representativo de la gran vasta mayoría de los sistemas humanos.

Muy pocos son los sistemas humanos cuyas necesidades de autoestima sean satisfechas por medio de mecanismos psicológicos autosuficientes. Esto implicaría una particular estructura de creencias valorativas que habilitara al sistema humano a auto-asignarse valor positivo y a sostenerlo sin necesidad de obtener nada externo. Sería como un estado de autovaloración positiva generado por un mecanismo de auto-aprobación incondicional.

Este mecanismo suele ser algo extremadamente difícil de encontrar de forma innata en un sistema humano. Sin embargo, en algunos casos, la estructura de creencias puede reformarse para habilitar este tipo de mecanismos de autovaloración independientes.

Volviendo a la realidad, la autovaloración independiente es una situación muy escasa y especial, y no es representativa de los mecanismos de autovaloración generales de la raza humana.

En síntesis, la autovaloración dependiente de los sistemas humanos es una variable definitoria de la personalidad colectiva del sistema social global, y es por eso muy valioso estudiar y comprender cuáles son los diversos factores de dependencia valorativa.

Factores de dependencia valorativa

Los sistemas humanos que poseen un mecanismo de autovaloración dependiente necesitan acumular ciertos capitales que, de acuerdo a su particular criterio de autovaloración, son los medios que permiten preservar e incrementar su autoestima.

Un **capital** es un factor beneficioso de la realidad cuya acumulación incrementa la autoestima de la entidad acreedora del mismo. El capital es un factor positivamente valorado por el sistema humano y su obtención e incremento contribuyen a aumentar su autoestima.

A continuación se mencionarán algunos de los capitales que los sistemas humanos, individuales y colectivos, desean conseguir y acumular.

El **capital social** hace referencia a la relevancia y tamaño relativo de la red social que posee un sistema humano y su pertenencia a distintos tipos de sistemas sociales.

El **capital económico** hace referencia a la magnitud relativa del capital monetario, material y financiero que posee un sistema humano.

El **capital monetario** hace referencia a la cantidad relativa de dinero y poder adquisitivo que posee un sistema humano.

El **capital material** hace referencia a la relativa cantidad y tipo de bienes materiales que posee un sistema humano.

El **capital financiero** hace referencia a la relativa cantidad y tipo de activos financieros que posee un sistema humano.

El **capital dietario** hace referencia a las diversas sustancias que ingiere regularmente un determinado sistema humano para nutrir su sistema corporal.

El **capital de salud** hace referencia al nivel de armonía funcional relativa que manifiestan el sistema mental y el sistema corporal de un determinado sistema humano.

El **capital de salud mental** hace referencia al nivel de armonía funcional relativa que manifiesta el sistema mental de un determinado sistema humano.

El **capital de salud corporal** hace referencia al nivel de armonía funcional relativa que manifiesta el sistema corporal de un determinado sistema humano.

El **capital político** hace referencia a la relativa cantidad y tipo de seguidores del sistema civil y del sistema político que puede conseguir un sistema humano para imponer su voluntad sobre los asuntos públicos.

El **capital intelectual** hace referencia al nivel de desarrollo relativo de las distintas capacidades intelectuales.

El **capital educativo** hace referencia al nivel de formación relativa alcanzado en el sistema educativo formal.

El **capital cultural** hace referencia al grado de erudición relativa que posee un sistema humano.

El **capital espiritual** (ético) hace referencia al nivel de desarrollo relativo de las virtudes que posee un sistema humano.

El **capital humano** hace referencia al nivel de desarrollo relativo de las capacidades físicas, intelectuales y espirituales del sistema humano. En otras palabras, el capital humano abarca los capitales físicos, intelectuales y espirituales que constituyen al sistema humano.[9]

---

[9] Sobre las capacidades físicas, intelectuales y espirituales del sistema humano, nos explayaremos en la *Teoría de los sistemas educativos. Un modelo basado en los sistemas mentales y sociales* (ver sección "Obras relacionadas" al final de este libro).

El **capital estético** hace referencia al grado de belleza relativa que manifiesta un sistema humano. El capital estético se puede dividir en capital estético corporal y capital estético material.

El **capital estético corporal** hace referencia al grado de belleza relativa que manifiesta el sistema corporal de un determinado sistema humano.

El **capital estético material** hace referencia al grado de belleza relativa que manifiesta cierto tipo de capital material (por ejemplo: la indumentaria, los adornos del hogar, los automóviles, etc.).

El **capital profesional** hace referencia al rol profesional que desempeña un sistema humano y al nivel de performance laboral relativo que manifiesta.

El **capital profesional externo** hace referencia a un cierto tipo de servicio profesional que emplea o consume un sistema humano.

El **capital físico** hace referencia al nivel de desarrollo relativo de las capacidades físicas que posee un sistema humano.

El **capital afectivo** hace referencia al nivel de afecto positivo relativo que obtiene un sistema humano de otro u otros sistemas humanos. El capital afectivo comprende los fenómenos de aprobación externa individual y colectiva.

El **capital afectivo individual** hace referencia al nivel de afecto positivo relativo que obtiene un sistema humano de un individuo. Abarca el fenómeno de aprobación individual externa.

El **capital afectivo social** hace referencia al nivel de afecto positivo relativo que obtiene un sistema humano de un sistema social. Abarca el fenómeno de aprobación colectiva externa.

El **capital emocional** es el grado de recurrencia y nivel de bienestar emocional relativo que experimenta un sistema humano.

Los capitales anteriormente mencionados son solo algunos de los tantos factores positivamente ponderados por los sistemas humanos.

Cabe destacar que la evaluación de los capitales es en términos relativos. Además, sus ponderaciones positivas dependen de la personalidad particular de cada sistema humano. Esto quiere decir que algunos sistemas humanos ponderan positivamente los factores que tal vez otros sistemas humanos ponderan negativamente.

Los capitales se acumulan de acuerdo a un particular mecanismo de autovaloración positiva dependiente que se puede expresar a través de la ecuación de autoestima.

La ecuación de autoestima

Para atender exitosamente la necesidad de autoestima es menester atender otras necesidades que constituyen los medios para cumplir exitosamente con la primera.

En simples palabras, la necesidad de autoestima se satisface atendiendo otras necesidades. Es decir, la necesidad de autoestima se encuentra subordinada a la satisfacción de otras carencias y fines.[10]

La secuencia de fenómenos deseados para alcanzar el fin de la autovaloración positiva se encuentra expresada a través de la ecuación de autoestima. La misma constituye un algoritmo que determina el orden de las necesidades y fines que se desean atender para lograr preservar o incrementar el nivel de autoestima.

Recordemos que el concepto de **autoestima** se utiliza como sinónimo de autovaloración positiva. La ecuación dicta qué clase de fenómenos y/o capitales la persona desea obtener y acumular para preservar e incrementar su autovaloración positiva.

---

[10] Cabe destacar que la ecuación de autoestima solo hace referencia a los sistemas humanos que poseen un mecanismo de autovaloración dependiente.

La **ecuación de autoestima** es un conjunto de criterios valorativos asociados que determinan la jerarquía de valoraciones, necesidades y fines que guían el comportamiento humano para preservar e incrementar su autoestima.

Cuanto mayor es el nivel de satisfacción de la ecuación de autoestima, mayor será el nivel de autovaloración positiva que experimente el sistema humano; y cuanto menor es el nivel de satisfacción de la ecuación de autoestima, menor será el nivel de autovaloración positiva.

En oposición, cuanto mayor es el nivel de insatisfacción de la ecuación de autoestima, mayor será el nivel de autovaloración negativa; y cuanto menor sea el nivel de insatisfacción de la ecuación de autoestima, menor será el nivel de autovaloración negativa.

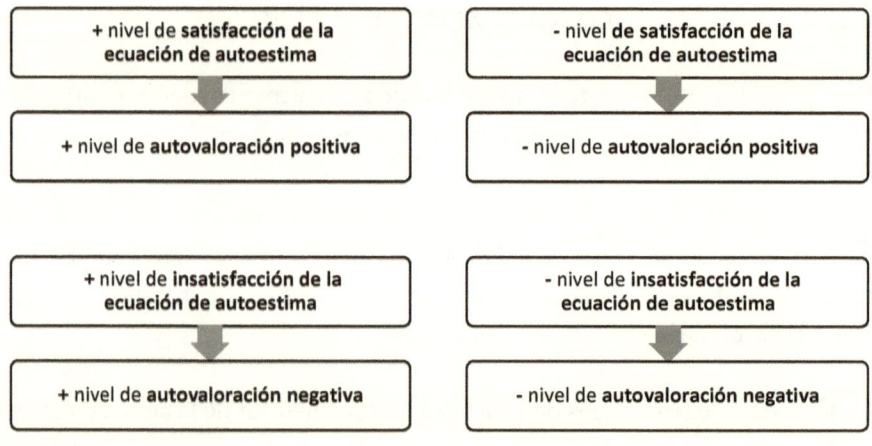

Figura 34: Correlaciones entre la ecuación de autoestima y la autovaloración.

La ecuación de autoestima determina el orden de fenómenos que el sistema humano desea experimentar para conseguir su auto-aprobación y, por ende, su autovaloración positiva.

Todos los sistemas humanos buscan maximizar el nivel de bienestar personal y, por lo tanto, buscan maximizar el nivel de auto-aceptación.

La fundamental diferencia radica en que los sistemas humanos, desde sus particulares sistemas de creencias activos, tienen distintos sistemas de valoraciones y estructuras de necesidades que generan que la búsqueda de la auto-aceptación se realice por distintos caminos.

No todos deseamos lo mismo, si bien existen semejanzas, las diferencias de criterios valorativos determinan la existencia para cada sistema humano de distintas ecuaciones de autoestima.

Las distintas ecuaciones de autoestima se expresan por medio de diferentes correlaciones valorativas.

Correlaciones valorativas

Las **correlaciones valorativas** son una secuencia programada de causas y efectos que contribuyen a satisfacer la ecuación de autoestima de un determinado sistema humano.

Las correlaciones varían de acuerdo a **cuatro variables que intervienen en la ecuación de autoestima**: la magnitud de los capitales, los tipos de capitales, las relaciones de dependencia entre los capitales y la cantidad de capitales.

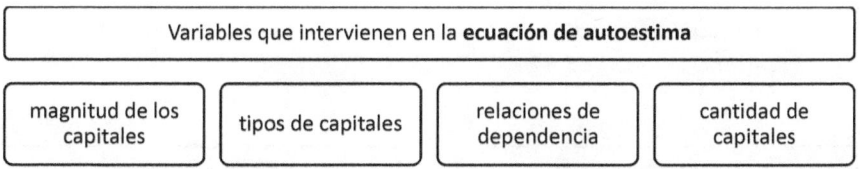

Figura 35: Variables de la ecuación de autoestima.

La **magnitud de los capitales** hace referencia al nivel de desarrollo que deben alcanzar los capitales deseados para atender satisfactoriamente la ecuación de autoestima. Cuanto mayores sean las magnitudes obtenidas sobre los capitales deseados, mayor será el nivel de satisfacción de la ecuación de autoestima.

Los **tipos de capitales** son los diferentes factores positivos que el sistema humano busca obtener y acumular para atender satisfactoriamente su ecuación de autoestima. Cuanto menor sea el nivel de complejidad de los capitales que se desean obtener, más fácil será atender satisfactoriamente la ecuación de autoestima.

Las **relaciones de dependencia** hacen referencia al orden de subordinación que existe entre los distintos capitales que constituyen la ecuación de autoestima.

La **cantidad de capitales** hace referencia al número de factores positivamente ponderados y deseados que intervienen en la ecuación de autoestima. Cuanto menor sea el número de capitales que intervienen en la ecuación de autovaloración, más fácil será satisfacerla.

Figura 36: Correlaciones entre las variables y la ecuación de autoestima.

La afectación de la autovaloración tiene dos posibles resultados: generar un cierto nivel de autovaloración positiva o generar un cierto nivel de autovaloración negativa.

Las correlaciones se pueden expresar por medio de la identificación de capitales que intervienen en la ecuación o por medio del empleo de ciertas categorías fenoménicas que sustituyan el uso del concepto de capital. Depende del caso, hay categorías más funcionales que otras para poder explicar.

Veamos algunos ejemplos de correlaciones valorativas:

Correlación 1:

A. El sistema humano X adquiere un préstamo monetario.
B. Con el préstamo, X compra un cierto automóvil.
C. X le regala el automóvil a su esposa.
D. La esposa de X se siente muy feliz con el regalo recibido y manifiesta un profundo afecto positivo (aprobación) a X.
E. X, debido al gran afecto positivo y aprobación que su esposa le manifestó, se aprueba a sí mismo en la misma proporción.
F. X, al experimentar el fenómeno E, incrementa su autoestima.

Ahora vamos a expresar la misma correlación empleando el concepto de capital:

A. El sistema humano X adquiere un cierto tipo de capital monetario (C1).
B. X usa C1 para comprar un cierto tipo de capital material (C2).
C. X le regala C2 a su esposa.
D. La esposa de X, a cambio de C2, le entrega a X un cierto tipo de capital afectivo (C3).
E. El C3 que recibe X de su esposa causa un incremento de su nivel de auto-aprobación.
F. El incremento de su nivel de auto-aprobación genera, en la misma proporción, un aumento del nivel de autoestima de X.

Correlación 2:

A. El sistema humano K paga una consulta con un nutricionista y sigue una dieta.

B. K paga la cuota anual de un gimnasio y decide realizar clases diarias de spinning.

C. K compra por internet un suplemento dietario para quemar grasas.

D. K, en el lapso de un año debido a la dieta, las clases de spinning y el suplemento dietario, logra adquirir la apariencia física deseada.

E. Debido a que K adquiere la apariencia física deseada, se produce un aumento de su nivel de auto-aprobación.

F. El incremento del nivel de auto-aprobación genera, en la misma proporción, un aumento del nivel de autoestima de K.

Ahora vamos a expresar la misma correlación empleando el concepto de capital:

A. El sistema humano K utiliza su capital monetario (C1) para consumir un capital profesional externo (C2) con el fin de mejorar a futuro su capital dietario (C3).

B. K utiliza C1 para consumir un capital profesional externo (C4) con el fin de mejorar su capital físico (C5).

C. K utiliza C1 para consumir un cierto capital dietario (C3) destinado a quemar grasas.

D. K, en el lapso de un año y debido a los fenómenos A, B y C, logra conseguir el capital estético corporal deseado (C6).

E. Debido a que K adquiere C6, se produce un aumento del nivel de auto-aprobación.

F. El incremento del nivel de auto-aprobación genera, en la misma proporción, un aumento del nivel de autoestima de K.

Correlación 3:

A. El sistema humano W trabaja como empleado en un restaurante para pagar y cursar sus estudios universitarios.

B. Después de un tiempo de esfuerzo y sacrificio, logra graduarse de la carrera de ingeniero químico.

C. La obtención del título de ingeniero químico incrementa su nivel de auto-aprobación.

D. El incremento del nivel de auto-aprobación genera un aumento de su nivel de autoestima en la misma proporción.

Ahora vamos a expresar la correlación 3 usando el concepto de capital:

A. El sistema humano W utiliza su capital profesional (C1) para adquirir un cierto capital monetario (C2) que empleará en cierta medida para consumir un capital profesional educativo externo (C3).
B. Después de un tiempo de esfuerzo y sacrificio, W demuestra haber adquirido el capital intelectual y profesional para adquirir un nivel más elevado de capital educativo (C4).
C. W, al adquirir el capital educativo deseado, incrementa su nivel de auto-aprobación.
D. El incremento del nivel de auto-aprobación conduce a un aumento igualmente proporcional de su nivel de autoestima.

Correlación 4:

A. El sistema humano Z compra acciones de una empresa en Wall Street.
B. Las acciones que compra se triplican en su valor original y decide venderlas.
C. Debido a la venta de las acciones su poder adquisitivo aumenta y, a raíz de esto, su nivel de auto-aprobación también se incrementa.
D. Al incrementarse su nivel de auto-aprobación, aumenta en la misma proporción su nivel de autoestima.

Veamos ahora esta correlación empleando el concepto de capital:

A. El sistema humano Z invierte un determinado capital monetario (C1) en la adquisición de un determinado capital financiero de una empresa en Wall Street (C2).
B. C2 triplica su valor original (aumenta su magnitud) y decide venderlo.

C. Debido a la venta de C2, el capital monetario C1 de Z se triplica (aumenta su magnitud) y este aumento de su capital monetario genera un incremento del nivel de auto-aprobación de Z.

D. Al incrementarse su nivel de auto-aprobación, aumenta en la misma proporción su nivel de autoestima.

Podría seguir ofreciendo al lector una cantidad innumerable de casos de correlaciones valorativas, pero me parece que a esta altura ya queda bien ilustrado el concepto. Qué interesante notar el esfuerzo enorme que realizamos los sistemas humanos para lograr alcanzar un nivel de autoestima saludable o deseado.

Cabe destacar que existen **factores directos e indirectos de dependencia valorativa.** Los primeros son los factores que son directamente causales en la afectación de la autoestima del sistema humano. Los segundos son los factores que son indirectamente causales en la afectación de la autoestima del sistema humano.

Veamos el caso de correlación 1 ilustrado de manera gráfica:

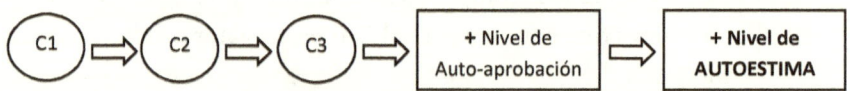

Figura 37: Ejemplos de correlación valorativa. Caso 1.

En este ejemplo, C3 (el capital afectivo proveniente de su esposa) es un factor directamente causal para el incremento o la disminución de la autoestima de X. Mientras que C1 y C2 (el dinero y el automóvil) son factores indirectos de dependencia valorativa. En otras palabras, el dinero y el automóvil por sí mismos no afectarán en nada a la autoestima de X, ya que solo son capitales que X interpreta como funcionales para la obtención del afecto de su esposa. Lo que verdaderamente le interesa a X para aumentar su autoestima es obtener C3.

En las correlaciones, de acuerdo al **tipo de relación de dependencia,** pueden suceder las siguientes situaciones:

1) Un capital depende de otro capital. Un factor que contribuye a obtener otro factor (una causa genera un efecto).

2) Un capital depende de múltiples capitales. Múltiples factores que contribuyen a obtener otro factor (múltiples causas generan un efecto).

3) Múltiples capitales dependen de un capital. Un factor que contribuye a obtener múltiples factores (una causa genera múltiples efectos).

Para ilustrar estas situaciones, veamos el ejemplo de la correlación 2 de manera gráfica:

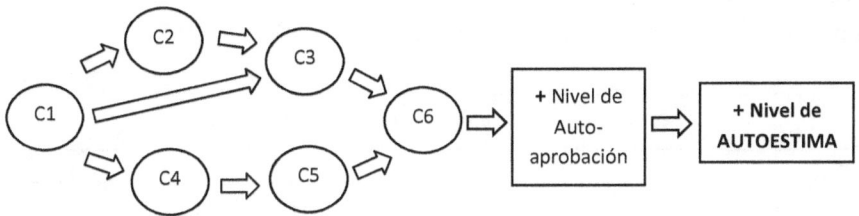

Figura 38: Ejemplos de correlación valorativa. Caso 2.

De acuerdo con lo que podemos ver en la figura 38, el capital profesional externo C2 (la consulta al nutricionista) depende del capital monetario C1 (el dinero que debe tener K para pagar la consulta). Es decir, C1 es el factor que contribuye a obtener C2.

Por otra parte, C6 (el capital estético corporal deseado) depende de múltiples capitales: el dinero, la consulta con el médico, la dieta, las clases de spinning, el capital físico (C1, C2, C3, C4 y C5). Mientras que C1 (el capital monetario) contribuye a obtener múltiples capitales, de manera directa (como es el caso de C2, C3 y C4) y de manera indirecta (como sucede con C5 y C6).

Al comienzo de este capítulo se mencionaron las variables que intervienen en la ecuación de autoestima, veámoslas ahora a la luz de uno de los ejemplos.

La figura 39 ilustra el caso de la correlación 4:

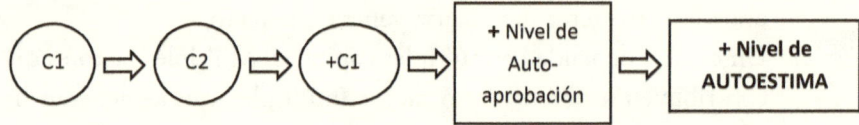

Figura 39: Ejemplos de correlación valorativa. Caso 4.

Para este sistema humano Z, solo hay dos tipos de capitales que intervienen en su ecuación de autoestima: el capital monetario C1 y el capital financiero C2. El aumento de la magnitud de C1 es lo que influye directamente en el aumento de su nivel de autoestima. C2 depende de C1 y, a su vez, el aumento de la magnitud de C1 depende del aumento del valor de C2. La secuencia fenoménica mencionada requiere de tres capitales para lograr satisfacer la ecuación de autoestima.

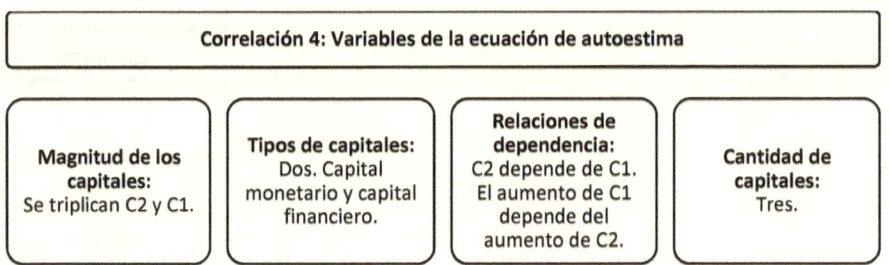

Figura 40: Variables de la ecuación de autoestima. Caso 4.

Cabe aclarar que la ecuación de autoestima de una persona puede estar formada por uno o varios algoritmos que expresen distintas correlaciones valorativas.

Hay ecuaciones de autoestima simples y complejas. Una ecuación simple, por ejemplo, puede estar constituida por un solo algoritmo. Una ecuación compleja, en cambio, podría tener cinco algoritmos distintos que afectan la autoestima de la persona.

Las correlaciones aquí expresadas (1, 2, 3 y 4) podrían ser todas partes de una misma ecuación de autoestima que posee un determinado sistema humano.

Una persona puede buscar atender distintos algoritmos que constituyen su ecuación de autoestima, que se manifiestan mediante diferentes correlaciones valorativas.

La complejidad de la ecuación de autoestima aumenta cuanto mayor es la cantidad de correlaciones valorativas y cuanto mayores son los valores de las distintas variables que las definen.[11]

Existe otro aspecto en la ecuación de autoestima que no fue mencionado a propósito, para tratarlo a continuación y adjudicarle la relevancia que se merece. Ese aspecto se denomina competencia valorativa.

Competencia valorativa

Todas las valoraciones son relativas y, debido a esto, la autovaloración es relativa.

¿Qué implica que la autovaloración es relativa? Implica que el sistema humano experimenta un cierto nivel de autoestima en función de una determinada evaluación comparativa que realiza en relación con otro u otros sistemas humanos.

En esa evaluación, si su autoestima se incrementa eso quiere decir que su autovaloración positiva es superior a otro u otros sistemas humanos en comparación. En oposición, si su autoestima disminuye eso quiere decir que su autovaloración positiva es inferior a otro u otros sistemas humanos en comparación.

La **competencia** es la acción y efecto de competir.

Competir es accionar para obtener la superioridad valorativa relativa en relación a uno o más factores positivamente valorados.

---

[11] La cantidad de correlaciones valorativas representa una variable más que define a la ecuación de autoestima, pero la tratamos por separado.

Todo fenómeno de competencia implica una **competencia valorativa** que se determina mediante una evaluación comparativa entre los agentes que rivalizan.

Existen tres **tipos de juicios valorativos que pueden generar los sistemas humanos en la competencia valorativa** de acuerdo a su particular sistema de creencias: igualdad valorativa, superioridad valorativa o inferioridad valorativa.

La **igualdad valorativa** es un juicio valorativo que se genera cuando el sistema humano realiza una evaluación comparativa, de acuerdo a un cierto criterio, que determina que el capital o los capitales en disputa son equivalentes entre los agentes que rivalizan.

La **superioridad valorativa** es un juicio valorativo que se genera cuando el sistema humano realiza una evaluación comparativa, de acuerdo a un cierto criterio, que determina que uno de los agentes es valorativamente superior en relación a otro u otros agentes en competencia. La superioridad valorativa relativa se genera sobre una diferencia de magnitud de capital, sobre la carencia de un capital o sobre la posesión de un defecto o anticapital. El **anticapital** es un factor negativo de la realidad cuya posesión y acumulación incrementa la autovaloración negativa del acreedor.

La **inferioridad valorativa** es un juicio valorativo que se genera cuando el sistema humano realiza una evaluación comparativa, de acuerdo a un cierto criterio, que determina que uno de los agentes es valorativamente inferior en relación a otro u otros agentes en competencia. La inferioridad valorativa relativa se genera sobre una diferencia de magnitud de capital, sobre la carencia de un capital o sobre la posesión de un defecto o anticapital.

Veamos un ejemplo sencillo de una persona con una ecuación de autoestima simple, dependiente, basada en un solo capital (C1), dentro de un régimen de competencia valorativa. En este caso, el sistema humano protagonista (A) se compara con otro sistema humano (B). En este esquema de competencia, la evaluación comparativa puede generar tres resultados posibles:

1. Si A percibe una **equivalencia comparativa** en la posesión de C1, genera un **juicio de igualdad valorativa** con respecto a B.
2. Si A percibe una **ventaja comparativa** en la posesión de C1, genera un **juicio de superioridad valorativa** con respecto a B.
3. Si A percibe una **desventaja comparativa** en la posesión de C1, genera un **juicio de inferioridad valorativa** con respecto a B.

Cabe destacar que el sistema humano no solo se puede comparar con otros agentes externos, sino también consigo mismo. Un individuo puede compararse con su yo del pasado y determinar si su situación en relación a uno o varios capitales ha mejorado, ha empeorado o sigue igual, y de acuerdo a su particular ecuación de autoestima se producirá un incremento, disminución o preservación de su actual nivel de autovaloración positiva.

Supongamos que el capital monetario es el único factor en la ecuación de autoestima de una persona. En este caso, su autoestima disminuirá o aumentará a medida que compare la cantidad de dinero (magnitud del capital monetario) que posee con el resto de los sistemas humanos que le rodean. Si posee más dinero que los sistemas humanos con los que se compara en un determinado sistema social, emitirá juicios de superioridad valorativa hacia su propia persona, por ejemplo: "soy más valioso, porque tengo más plata que el resto". Si esta misma persona se compara con un grupo de sistemas humanos en otro sistema social y percibe que los mismos tienen una mayor cantidad de dinero, emitirá juicios de inferioridad valorativa, por ejemplo: "soy menos valioso, porque tengo menos plata que el resto". Si al compararse nota que todos tienen un ingreso similar, emitirá juicios de igualdad valorativa, como "soy igual de importante que el resto". Además, su autoestima puede aumentar o disminuir si compara la cantidad de dinero que posee actualmente con la cantidad de dinero que poseía en el pasado, por ejemplo: "ahora soy una persona más importante, porque tengo más dinero que en el pasado".

En conclusión, todos los juicios ponderativos que realiza un sistema humano obedecen a una evaluación comparativa guiada por ciertos criterios valorativos presentes en su particular sistema de valoración.

Como habíamos dicho, el sistema de valoración es una entidad cuya existencia y funcionamiento se justifica como un todo mediante la interacción de los subsistemas de valoración interna y externa entre sí.

El subsistema de valoración interna, o subsistema de autovaloración, es responsable de emitir los juicios de autovaloración y el subsistema de valoración externa es responsable de emitir los juicios de ponderación sobre toda clase de fenómenos externos.

La comprensión de este subsistema de creencias es de vital relevancia para entender el origen de las decisiones y el origen de la estructura de manifestación que se genera mediante la determinación de ciertas jerarquías de valoraciones, necesidades y fines.

En este sentido, la ecuación de autoestima es de fundamental importancia para la comprensión de las decisiones que lleva a cabo el sistema humano.

Antes de concluir con este capítulo, vamos a explicar un poco más el concepto de anticapital. Hemos visto cómo el concepto de capital contribuye a definir factores positivamente valorados. También hemos mencionado la existencia de factores negativamente valorados que se podrían denominar anticapitales.

Los **anticapitales** son los factores perjudiciales cuya posesión y acumulación contribuyen a la disminución de la autoestima y a la generación de una autovaloración negativa.

La definición de los capitales y de los anticapitales se corresponde con el criterio subjetivo del sistema humano protagonista, ya sea individual o colectivo. La distinción de los factores beneficiosos y perjudiciales de la realidad queda a criterio de los agentes que interactúan de acuerdo a sus particulares ecuaciones de autoestima. Los agentes pueden ser personas individuales o sociales.

El anticapital es la antinomia del capital. Por ejemplo, en relación al capital intelectual, su anticapital es la ignorancia. En relación al capital ético, su anticapital es la falta de ética, expresada en el nivel de desarrollo de los vicios que posee un sistema humano. En relación al capital estético corporal, el anticapital es el grado de fealdad física que manifiesta un sistema humano, y así sucesivamente.

En este sentido, cuanto mayor es la magnitud del anticapital que posee un determinado sistema humano, menor es el nivel de autoestima y cuanto menor es la magnitud del anticapital que posee un determinado sistema humano, mayor es el grado de autoestima.

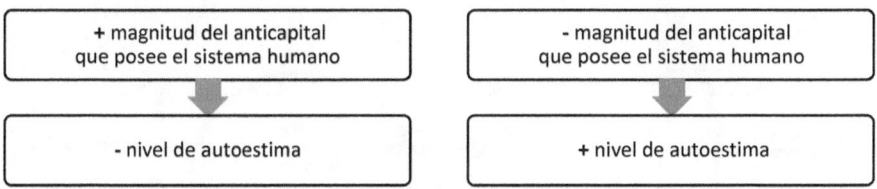

Figura 41: Correlación entre los anticapitales y la autoestima.

Las carencias de ciertos capitales generan un determinado nivel de auto-rechazo que contribuye a la insatisfacción de la ecuación de autoestima.

La autovaloración negativa puede llegar a provocar en el sistema humano una serie de comportamientos negativos y perjudiciales para sí mismo y su entorno.

El sistema de evaluación de viabilidad

El **sistema de evaluación de viabilidad** es una entidad cuya existencia y funcionamiento se justifica como un todo mediante la interacción del sistema de evaluación de viabilidad interna y del sistema de evaluación de viabilidad externa entre sí.

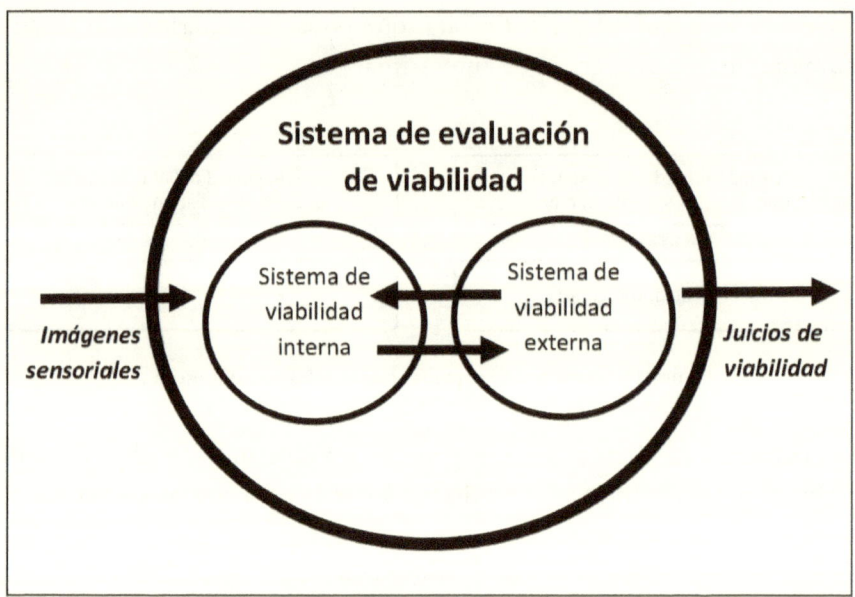

Figura 42: Sistema de evaluación de viabilidad.

De ahora en adelante, para simplificar la nomenclatura, al sistema de evaluación de viabilidad también lo denominaremos "sistema de viabilidad", y a sus subsistemas "sistema de viabilidad interna" y "sistema de viabilidad externa".

El **subsistema de viabilidad interna** está constituido por criterios de viabilidad e inviabilidad, referidos a la realidad interna del sistema humano protagonista.

El **subsistema de viabilidad externa** está constituido por criterios de viabilidad e inviabilidad, referidos a la realidad externa del sistema humano protagonista.

Los **criterios de viabilidad** son asociaciones de creencias normativas que determinan los diversos juicios de viabilidad sobre ciertos fenómenos de la realidad del sistema humano.

Los **criterios de inviabilidad** son asociaciones de creencias normativas que determinan los diversos juicios de inviabilidad sobre ciertos fenómenos de la realidad del sistema humano.

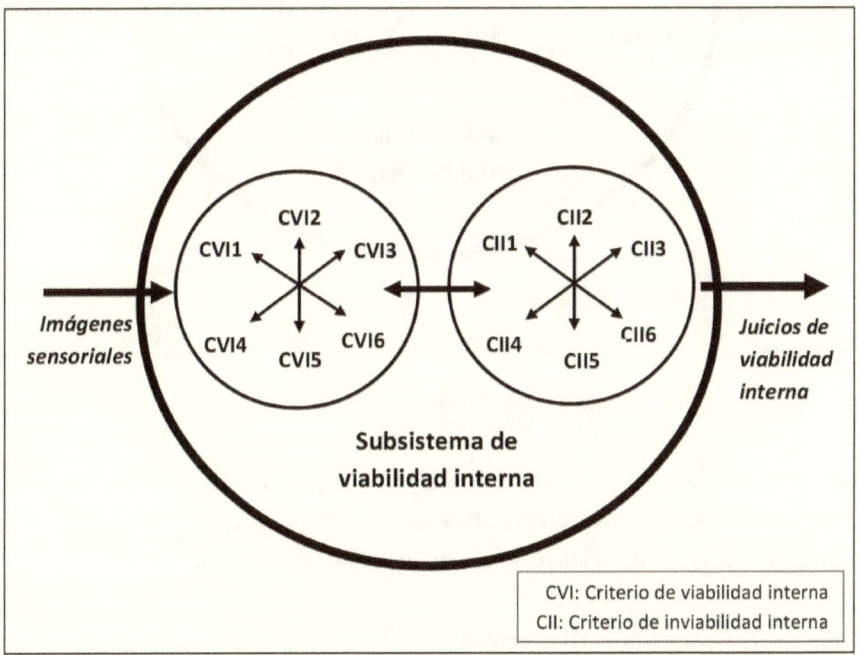

Figura 43: Subsistema de viabilidad interna.

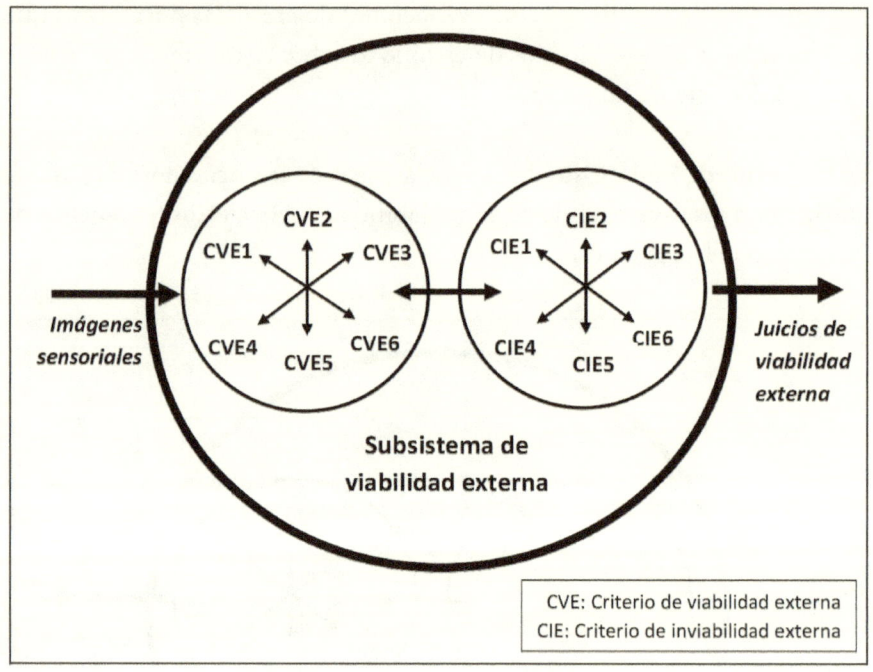

Figura 44: Subsistema de viabilidad externa.

De acuerdo con la **ley de viabilidad subjetiva**, el sistema humano determina el conjunto de opciones de manifestación que puede llegar a concretar de acuerdo a su propia estructura de creencias.

Según lo que su sistema de creencias evalúe, el sistema humano determinará qué opciones son más o menos probables y cuáles son más o menos improbables, y dicho cálculo tendrá un gran impacto sobre sus decisiones.

La **viabilidad** es la probabilidad de que un sistema humano pueda materializar un determinado objetivo, de acuerdo a los sistemas endógenos y exógenos que lo habilitan y restringen. Existen diversos grados de viabilidad.

La **inviabilidad** es la improbabilidad de que un sistema humano pueda materializar un determinado objetivo, de acuerdo a los sistemas endógenos y exógenos que lo habilitan y restringen.

Si la inviabilidad es considerada como insuperable, la misma se estima como absoluta, ya que la opción contemplada es imposible de ser lograda.

Si la inviabilidad es considerada como superable, la misma puede ser evaluada según diversos grados. Esto sucede cuando la inviabilidad es temporal y sujeta a la obtención de ciertos recursos. Si el protagonista obtiene los recursos necesarios en un determinado lapso de tiempo, la opción inviable puede convertirse en viable.

En la toma de decisiones, solamente las opciones subjetivamente percibidas por el sistema humano como viables o de inviabilidad superable, de acuerdo a su particular sistema de viabilidad, serán las que contemplará como opciones de manifestación a elegir.

El mismo es estrictamente subjetivo y, por consiguiente, depende del análisis particular que realiza el sistema humano.

Si la persona interpreta que la opción es viable, la misma posee un cierto grado de viabilidad.

El **grado de viabilidad** se entiende como el grado de facilidad relativa para conseguir la opción evaluada por el sistema humano.

El **grado de facilidad** es la magnitud relativa de recursos que habilitan a un sistema humano para concretar una cierta opción.

Si la persona considera que la opción es de inviabilidad superable, podrá determinar su grado de inviabilidad.

El **grado de inviabilidad** se entiende como el grado de dificultad relativa para conseguir la opción evaluada por el sistema humano.

El **grado de dificultad** es la magnitud relativa de condicionamientos que restringen a un sistema humano para concretar una cierta opción.

Sabemos que el sistema humano, en sus posibilidades de manifestación y desarrollo, se encuentra limitado por sus recursos y condicionamientos.

La dicotomía entre la viabilidad y la inviabilidad resulta útil para dividir las opciones en dos grupos (opciones viables e opciones inviables) en relación a los recursos y los condicionamientos que, respectivamente, definen a estas categorías.

Los **recursos** son distintos tipos de medios que habilitan el desarrollo de ciertas acciones.

Los **condicionamientos** son distintos tipos de restricciones sobre las acciones del sistema humano y, por ende, sobre sus posibilidades de manifestación.

Los recursos y las restricciones de una determinada persona están comprendidos dentro de los sistemas endógenos y exógenos que lo definen.

Recordemos que el sistema endógeno abarca toda la realidad interna que define al sistema humano y el sistema exógeno abarca toda la realidad externa que afecta al sistema humano. En el grupo de los sistemas endógenos nos encontramos con el sistema mental y el sistema corporal. En el grupo de los sistemas exógenos nos encontramos con los sistemas naturales, artificiales y estatales.

Cuando la persona define sus opciones de manifestación, su sistema de evaluación de viabilidad contempla los recursos y condicionamientos (internos y externos) que habilitan y restringen, respectivamente, la viabilidad de las mismas.

Cuanto mayor sea la magnitud de los recursos que lo habiliten para obtener dicha opción, mayor será el nivel de facilidad, probabilidad y, por ende, viabilidad de la misma. Cuanto menor sea la magnitud de los recursos que lo habiliten para obtener dicha opción, menor será el nivel de facilidad, probabilidad y, por ende, viabilidad de la misma.[12]

---

[12] Estas cuatro variables son relativas, dado que implican una evaluación comparativa.

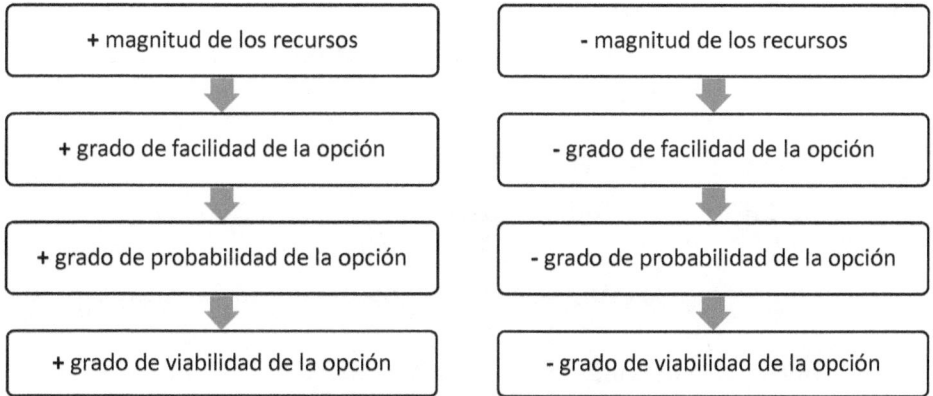

Figura 45: Correlación entre los recursos y el grado de viabilidad.

Por otra parte, cuanto mayor sea la magnitud de los condicionamientos que restrinjan a un sistema humano para obtener una determinada opción, mayor será el nivel de dificultad, improbabilidad y, por ende, inviabilidad de la misma. Cuanto menor sea la magnitud de los condicionamientos que lo restrinjan para obtener dicha opción, menor será el nivel de dificultad, improbabilidad y, por ende, inviabilidad de la misma.

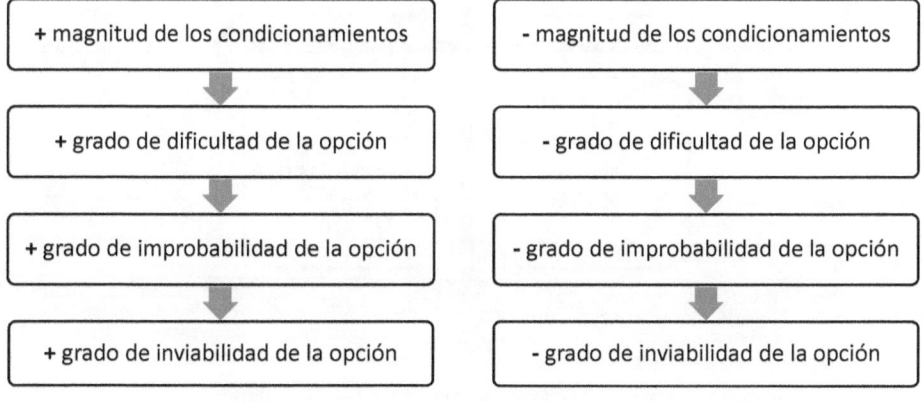

Figura 46: Correlación entre los condicionamientos y el grado de inviabilidad.

Los **criterios de viabilidad interna** son las asociaciones de creencias responsables de detectar los recursos internos que habilitan al sistema humano para lograr la manifestación de la opción que está contemplando.

Los **criterios de viabilidad externa** son las asociaciones de creencias responsables de detectar los recursos externos que habilitan al sistema humano para hacer posible la manifestación de la opción que está contemplando.

Los **criterios de inviabilidad interna** son las asociaciones de creencias responsables de identificar los condicionamientos internos que limitan al sistema humano en la manifestación de la opción que está contemplando.

Los **criterios de inviabilidad externa** son las asociaciones de creencias responsables de identificar los condicionamientos externos que restringen al sistema humano en la consecución de la opción que está contemplando.

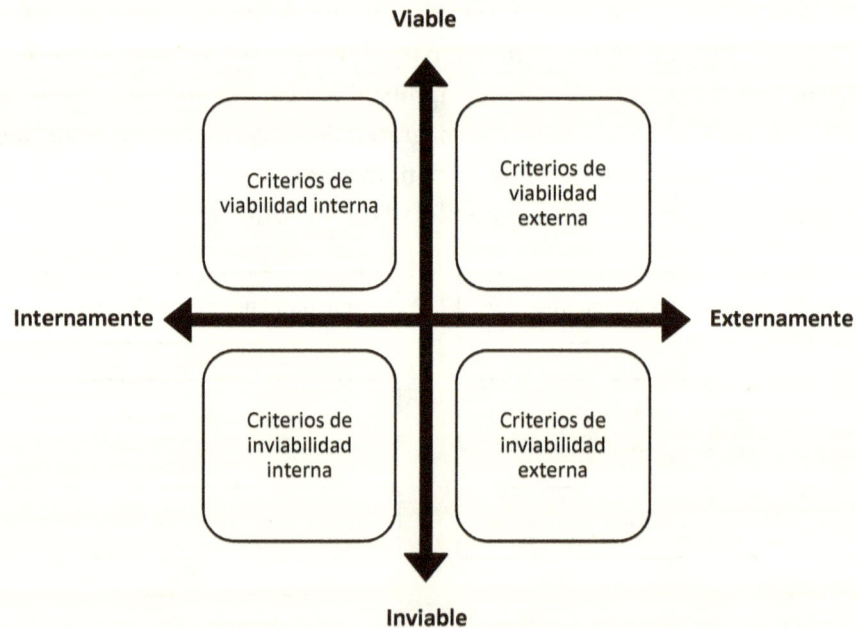

Figura 47: Mapa de criterios de viabilidad e inviabilidad.

Un análisis posible para determinar el nivel de viabilidad de las opciones puede realizarse respondiendo a estas cuatro preguntas:

1. ¿Qué recursos (internos y externos) se necesitan para que la opción X sea viable?

2. De los recursos mencionados anteriormente, ¿cuáles poseo y cuáles no poseo?
3. De los recursos que no poseo, ¿cuáles puedo conseguir?
4. ¿En cuánto tiempo puedo conseguir dichos recursos?

Estas mismas cuatro preguntas deben repetirse para cada opción de manifestación que se esté contemplando.

Para responder a la pregunta 1, será útil realizar un listado de los recursos internos y externos que se necesitan para obtener dicha opción.

Del listado obtenido como respuesta a la pregunta 1, el sistema humano evaluará cuáles de esos recursos posee. Los que no posea se convertirán en condicionamientos.

Una vez contemplados los recursos y condicionamientos actuales, se evalúa cuáles de los condicionamientos son superables, qué se requiere para superarlos y en qué período de tiempo.

Para llevar a cabo esta evaluación, el mapa de recursos y condicionamientos (internos y externos) es una herramienta muy útil que contribuye a analizar las condiciones de viabilidad de cada una de las opciones contempladas. El mismo se deriva del mapa de criterios de viabilidad e inviabilidad (figura 47).

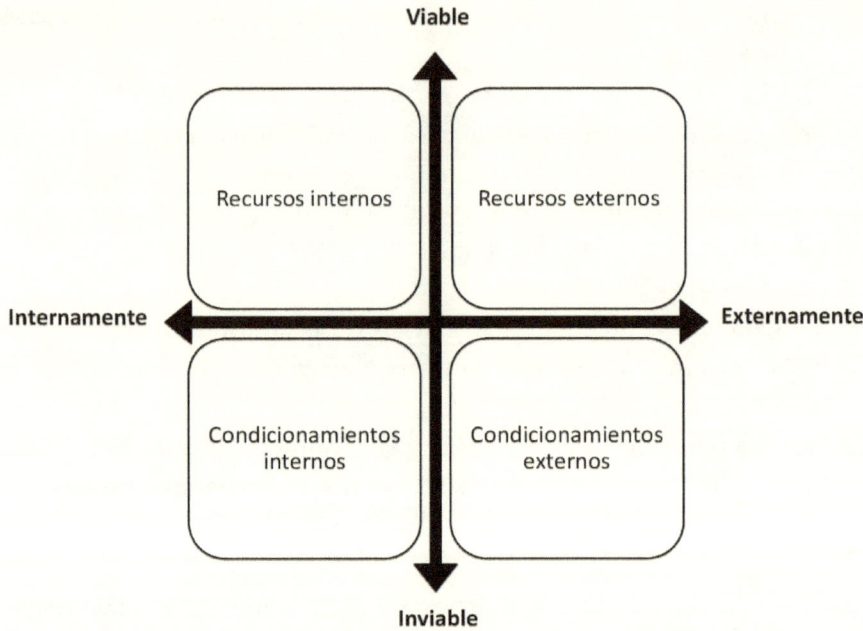

Figura 48: Mapa de recursos y condicionamientos.

El mapa de recursos y condicionamientos puede servir para evaluar con mayor rigurosidad la capacidad de una persona para alcanzar en tiempo y forma una determinada opción de manifestación o para comprender y ampliar el espectro de opciones viables de las que puede gozar el sistema humano protagonista.

Esta herramienta resalta el valor de entender las circunstancias internas y externas que habilitan o inhabilitan a un individuo o a un sistema social a generar cierto tipo de decisiones y comportamientos y vivir determinadas experiencias.

Existen resultados que se pueden alcanzar y existen resultados que son inalcanzables. Reconocer esa diferencia es fundamental para no desperdiciar energía en un objetivo imposible y, además, para realizar un plan en función de conseguir los medios que faltan y/o superar los condicionamientos que limitan la concreción del fin deseado.

De acuerdo con la **ley de opciones condicionadas,** la cantidad de opciones de manifestación viables de un particular sistema humano protagonista depende de la diversidad y el nivel de desarrollo de los recursos que posee.

En este sentido, cuanto mayor sea la diversidad y el nivel de desarrollo de los recursos que posee un sistema humano, mayor será la cantidad de opciones de manifestación viables que tendrá a su disposición. Cuanto menor sea la diversidad y el nivel de desarrollo de los recursos que posee un sistema humano, menor será la cantidad de opciones de manifestación viables que se encuentren a su disposición.

Por otra parte, cuanto mayor sea la diversidad y el nivel de desarrollo de los condicionamientos, menor será la cantidad de opciones de manifestación viables que se encuentren a su disposición. Cuanto menor sea la diversidad y el nivel de desarrollo de los condicionamientos, mayor será la cantidad de opciones de manifestación viables que posea el sistema humano protagonista.

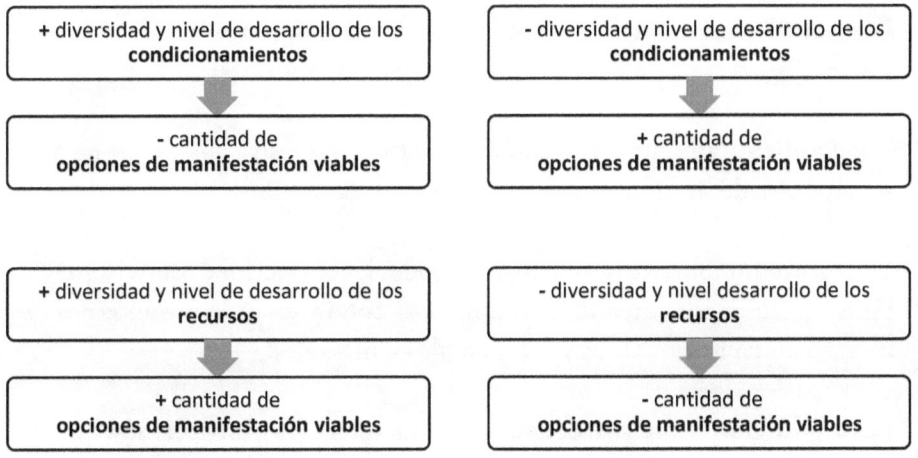

Figura 49: Ley de opciones condicionadas.

A continuación, vamos a ofrecer distintas tipologías que nos ayudarán a comprender las variables para el análisis de viabilidad de las opciones.

Tipologías para el análisis de viabilidad

Tipos de condicionamientos y recursos

Existen distintos tipos de condicionamientos y recursos que afectan las posibilidades de manifestación de los sistemas humanos. A continuación, haremos referencia a algunos de ellos.

Esta categorización sirve para cubrir diferentes casos en los que haya que analizar diversos mapas de recursos y condicionamientos.

Los **condicionamientos superables** son todas las restricciones que el sistema humano es capaz de superar mediante la adquisición de ciertos recursos.

Los **condicionamientos insuperables** son todas las restricciones que el sistema humano no es capaz de superar.

Los **condicionamientos mutables** son todas las restricciones que son susceptibles de ser modificadas mediante ciertas acciones.

Los **condicionamientos inmutables** son todas las restricciones que no son susceptibles de ser modificadas mediante ciertas acciones.

Los **condicionamientos internos** son todas las restricciones que el sistema humano posee en su realidad interna. Los condicionamientos internos se dividen en condicionamientos corporales y mentales.

Los **condicionamientos corporales** son todas las restricciones que el sistema humano posee en su sistema corporal.

Los **condicionamientos mentales** son todas las restricciones que el sistema humano posee en su sistema mental.

Los **condicionamientos externos** son todas las restricciones que el sistema humano posee en su realidad externa.

Los **condicionamientos naturales** son todas las restricciones que el sistema humano posee en relación a los sistemas naturales.

Los **condicionamientos artificiales** son todas las restricciones que el sistema humano posee en relación a los sistemas artificiales.

Los **condicionamientos estatales** son todas las restricciones que el sistema humano posee en relación a los sistemas estatales.

Los **condicionamientos humanos** son todas las restricciones que el sistema humano experimenta por parte de ciertos sistemas humanos que lo afectan. Los condicionamientos humanos se dividen en condicionamientos individuales y sociales.

Los **condicionamientos individuales** son todas las restricciones que el sistema humano experimenta por parte de ciertos sistemas humanos individuales.

Los **condicionamientos sociales** son todas las restricciones que el sistema humano experimenta por parte de ciertos sistemas sociales.

Los **condicionamientos económicos** son todas las restricciones que el sistema humano experimenta en relación al sistema económico.

Los **condicionamientos jurídicos** son todas las restricciones que el sistema humano experimenta en relación al sistema jurídico.

Los **condicionamientos políticos** son todas las restricciones que el sistema humano experimenta en relación al sistema político.

Los **condicionamientos familiares** son todas las restricciones que el sistema humano experimenta en relación al sistema familiar.

Los **condicionamientos religiosos** son todas las restricciones que el sistema humano experimenta en relación al sistema eclesiástico.

Los **condicionamientos matrimoniales** son todas las restricciones que el sistema humano experimenta en relación al sistema matrimonial.

Los **condicionamientos educativos** son todas las restricciones que el sistema humano experimenta en relación al sistema educativo.

Los **condicionamientos militares** son todas las restricciones que el sistema humano experimenta en relación al sistema militar.

Los **condicionamientos de seguridad** son todas las restricciones que el sistema humano experimenta en relación al sistema de seguridad.

Los **condicionamientos sanitarios** son todas las restricciones que el sistema humano experimenta en relación al sistema sanitario.

Los **condicionamientos empresariales** son todas las restricciones que el sistema humano experimenta en relación al sistema empresarial.

Los **condicionamientos laborales** son todas las restricciones que el sistema humano experimenta en relación al sistema laboral.

Los **condicionamientos tributarios** son todas las restricciones que el sistema humano experimenta en relación al sistema tributario.

Pasemos ahora a ver el listado de los tipos de recursos.

Los **recursos internos** son todos los medios que el sistema humano posee en su realidad interna. La realidad interna está comprendida por la voluntad (o alma), el sistema mental y el sistema corporal.

Los **recursos mentales** son todos los medios que el sistema humano posee en su sistema mental.

Los **recursos corporales** son todos los medios que el sistema humano posee en su sistema corporal.

Los **recursos externos** son todos los medios que forman parte de la realidad externa del sistema humano.

Los **recursos estatales** son todos los medios que el sistema humano posee en relación al sistema estatal.

Los **recursos naturales** son todos los medios que el sistema humano posee en relación al sistema natural.

Los **recursos artificiales** son todos los medios que el sistema humano posee en relación al sistema artificial.

Los **recursos humanos** son todos los medios humanos de los que se sirve un sistema humano para alcanzar un objetivo. Los recursos humanos se dividen en recursos humanos individuales y sociales.

Los **recursos humanos individuales** son todos los individuos (medios individuales) de los que se sirve un sistema humano para alcanzar un objetivo.

Los **recursos humanos sociales** son todos los medios sociales de los que se sirve un sistema humano para alcanzar un objetivo.

Los **recursos económicos** son todos los medios económicos de los que se sirve un sistema humano para alcanzar un objetivo.

Los **recursos empresariales** son todos los medios empresariales de los que se sirve un sistema humano para alcanzar un objetivo.

Los **recursos profesionales** son todos los medios profesionales de los que se sirve un sistema humano para alcanzar un objetivo.

Los **recursos familiares** son todos los medios familiares de los que se sirve un sistema humano para alcanzar un objetivo.

Los **recursos matrimoniales** son todos los medios matrimoniales de los que se sirve un sistema humano para alcanzar un objetivo.

Los **recursos políticos** son todos los medios políticos de los que se sirve un sistema humano para alcanzar un objetivo.

Los **recursos jurídicos** son todos los medios jurídicos de los que se sirve un sistema humano para alcanzar un objetivo.

Los **recursos religiosos** son todos los medios religiosos de los que se sirve un sistema humano para alcanzar un objetivo.

Los **recursos sanitarios** son todos los medios sanitarios de los que se sirve un sistema humano para alcanzar un objetivo.

Los **recursos militares** son todos los medios militares de los que se sirve un sistema humano para alcanzar un objetivo.

Los **recursos educativos** son todos los medios educativos de los que se sirve un sistema humano para alcanzar un objetivo.

La tipología de condicionamientos y recursos se puede extender mucho más, y sirve para poder cubrir todo los casos en los que haya que analizar distintos mapas de recursos y condicionamientos.

De acuerdo a estos tipos de condicionamientos y recursos, el sistema humano puede definir sus opciones de manifestación y ubicarlas en el mapa.

Tipos de opciones

Las opciones a contemplar en el análisis de viabilidad pueden ser clasificadas según las categorías que veremos a continuación.

Opción viable: Es una posibilidad de manifestación que tiene una cierta probabilidad relativa de que el sistema humano pueda concretarla.

Opción de alta viabilidad: Es una posibilidad de manifestación que tiene una cierta probabilidad relativamente alta de que el sistema humano la pueda concretar.

Opción de moderada viabilidad: Es una posibilidad de manifestación que tiene una cierta probabilidad relativamente moderada de que el sistema humano la pueda concretar.

Opción de baja viabilidad: Es una posibilidad de manifestación que el sistema humano puede concretar con una probabilidad relativamente baja.

Opción inviable: Es una posibilidad de manifestación que tiene una cierta improbabilidad, relativa o absoluta, de que el sistema humano la pueda concretar. La improbabilidad relativa hace referencia a la inviabilidad superable y la improbabilidad absoluta hace referencia a la inviabilidad insuperable.

Opción de inviabilidad insuperable: Es una posibilidad de manifestación que tiene una improbabilidad absoluta de que el sistema humano la pueda concretar. En este caso, los condicionamientos son insuperables.

Opción de inviabilidad superable: Es una posibilidad de manifestación que tiene una cierta improbabilidad relativa de que el sistema humano pueda la concretar. Los condicionamientos pueden ser superados. En este caso, se puede hacer referencia a diversos niveles de inviabilidad.

Opción de alta inviabilidad: Es una posibilidad de manifestación que tiene una cierta improbabilidad relativamente alta de que el sistema humano la pueda concretar.

Opción de moderada inviabilidad: Es una posibilidad de manifestación que tiene una cierta improbabilidad relativamente moderada de que el sistema humano la pueda concretar.

Opción de baja inviabilidad: Es una posibilidad de manifestación que tiene una cierta improbabilidad relativamente baja de que el sistema humano la pueda concretar.

Opción internamente viable: Es una posibilidad de manifestación que probablemente el sistema humano pueda concretar en relación a los recursos de su realidad interna.

Opción internamente inviable: Es una posibilidad de manifestación que improbablemente el sistema humano pueda concretar en relación a los condicionamientos de su realidad interna.

Opción externamente viable: Es una posibilidad de manifestación que probablemente el sistema humano pueda concretar en relación a los recursos de su realidad externa.

Opción externamente inviable: Es una posibilidad de manifestación que improbablemente el sistema humano pueda concretar en relación a los condicionamientos de su realidad externa.

Opción racional: Es una posibilidad de manifestación que el sistema humano analiza en función de cierta información que posee un determinado grado de fidelidad relativa.[13]

Opción de alta racionalidad: Es una posibilidad de manifestación que el sistema humano analiza en función de cierta información que posee relativamente un alto grado de fidelidad.

Opción de moderada racionalidad: Es una posibilidad de manifestación que el sistema humano analiza en función de cierta información que posee relativamente un moderado grado de fidelidad.

---

[13] En el próximo capítulo desarrollaremos los temas de fidelidad de la información y racionalidad.

Opción de baja racionalidad: Es una posibilidad de manifestación que el sistema humano analiza en función de cierta información que posee relativamente un bajo grado de fidelidad.

Opción irracional: Es una posibilidad de manifestación que el sistema humano analiza en función de cierta información que posee un relativo grado de inexactitud.

Opción de alta irracionalidad: Es una posibilidad de manifestación que el sistema humano analiza en función de cierta información que posee relativamente un alto grado de inexactitud.

Opción de moderada irracionalidad: Es una posibilidad de manifestación que el sistema humano analiza en función de cierta información que posee relativamente un moderado grado de inexactitud.

Opción de baja irracionalidad: Es una posibilidad de manifestación que el sistema humano analiza en función de cierta información que posee relativamente un bajo grado de inexactitud.

Opción consciente: Es una posibilidad de manifestación que el sistema humano analiza y reconoce en el proceso de decisión.

Opción inconsciente: Es una posibilidad de manifestación que el sistema humano analiza pero no reconoce en el proceso de decisión.

Opción contemplada: Es una posibilidad de manifestación que el sistema humano analiza en el proceso de decisión.

Opción no contemplada: Es una posibilidad de manifestación que el sistema humano no analiza en el proceso de decisión.

Opción elegida: Es una posibilidad de manifestación que el sistema humano elige desarrollar en el proceso de decisión.

Opción no elegida: Es una posibilidad de manifestación que el sistema humano no elige desarrollar en el proceso de decisión.

Tipos de viabilidad e inviabilidad de acuerdo al parámetro temporal

Los tipos de viabilidad e inviabilidad siempre sirven para categorizar las opciones contempladas en función de sus características y sus relaciones con los recursos y condicionamientos del sistema humano que pretende concretarlas.

La viabilidad de una opción puede variar en un futuro y ello afecta la toma de decisiones. Dado que el análisis de viabilidad se realiza en un momento específico en el tiempo, la variable temporal cumple un rol clave.

En este caso, voy a enunciar los tipos de viabilidad e inviabilidad de acuerdo a su límite temporal especifico. A continuación veremos un breve listado.

Viabilidad temporalmente limitada: Es una opción que tiene un tiempo de ejecución relativamente acotado, debido a los condicionamientos que experimenta el sistema humano.

Viabilidad de corto plazo: Es una opción que tiene un tiempo de ejecución de corto plazo, debido a los condicionamientos que experimenta el sistema humano. Superado ese margen temporal, la opción deja de ser viable.

Viabilidad de mediano plazo: Es una opción que tiene un tiempo de ejecución de mediano plazo, debido a los condicionamientos que experimenta el sistema humano. Superado ese margen temporal, la opción deja de ser viable.

Viabilidad de largo plazo: Es una opción que tiene un tiempo de ejecución de largo plazo, debido a los condicionamientos que experimenta el sistema humano. Superado ese margen temporal, la opción deja de ser viable.

Viabilidad inmediata: Es una opción que se puede ejecutar inmediatamente.

Viabilidad mediata: Es una opción que no se puede ejecutar inmediatamente, se necesita un determinado lapso de tiempo para poder realizarse.

Inviabilidad inmediata: Es una opción que no se puede ejecutar inmediatamente.

Inviabilidad mediata: Es una opción que caduca su posibilidad de ejecución en un determinado lapso de tiempo.

Inviabilidad temporalmente limitada: Es una opción que no se puede ejecutar hasta cumplirse un determinado lapso de tiempo. Una vez cumplido ese lapso temporal, la opción se convierte en viable para el sistema humano protagonista.

Inviabilidad de corto plazo: Es una opción que no se puede ejecutar por un corto plazo de tiempo. Superado este lapso temporal, la opción se convierte en viable para el sistema humano.

Inviabilidad de mediano plazo: Es una opción que no se puede ejecutar por un mediano plazo de tiempo. Superado este lapso temporal, la opción se convierte en viable para el sistema humano.

Inviabilidad de largo plazo: Es una opción que no se puede ejecutar por un largo plazo de tiempo. Superado este lapso temporal, la opción se convierte en viable para el sistema humano.

Información y criterios de decisión

Un **juicio** es una evaluación que realiza el sistema humano sobre un determinado fenómeno en base a cierto tipo de información.

Una **evaluación** es una adjudicación de características sobre la cosa juzgada de acuerdo a los criterios empleados por el sistema humano que evalúa.

Los **criterios** son asociaciones de creencias normativas que habilitan la adjudicación de diversos sentidos lingüísticos a un determinado conjunto de imágenes sensoriales lógicamente relacionadas con los mismos. Los criterios son un conjunto de normas que determinan los distintos tipos de evaluaciones de acuerdo a los diferentes estímulos sensoriales que percibe el sistema humano.

Los **criterios de decisión** están constituidos por los criterios de valoración y los criterios de evaluación de viabilidad.

Los **criterios de valoración** son asociaciones de creencias normativas valorativas que constituyen a los subsistemas de valoración y contribuyen a generar los diversos juicios ponderativos sobre los distintos elementos de la realidad que definen al sistema humano y a su entorno.

Los criterios de valoración son un conjunto de argumentos que contribuyen a validar o no, en cierta medida, todos los factores de la realidad. Los factores que se validan poseen una valoración positiva y los factores que se invalidan poseen una valoración negativa. Los factores del entorno son juzgados por los criterios de valoración externa y los factores de la realidad interna son juzgados por los criterios de valoración interna.

Los **criterios de evaluación de viabilidad** incluyen a los criterios de viabilidad y los criterios de inviabilidad.

Los criterios de viabilidad son asociaciones de creencias normativas que determinan los diversos juicios de viabilidad sobre ciertos fenómenos de la realidad interna y externa del sistema humano. Los criterios de inviabilidad son asociaciones de creencias normativas que determinan los diversos juicios de inviabilidad sobre ciertos fenómenos de la realidad interna y externa del sistema humano.

Criterios de decisión			
Criterios de valoración		Criterios de evaluación de viabilidad	
Interna / Externa	Criterios de valoración positiva	Criterios de valoración negativa	Criterios de viabilidad
			Criterios de inviabilidad

Figura 50: Criterios de decisión.

Los criterios de decisión se forman en base a cierto tipo de información, manifestada en la forma de estímulos sensoriales, que condiciona y moldea la estructura de creencias del sistema humano protagonista.

La información que configura a los criterios ingresa al sistema mental a través de un conjunto de estímulos que dependen de la educación que haya experimentado el sistema humano, por medio del proceso de socialización formal e informal, además de su propia capacidad autodidacta.

El **proceso de socialización** es un fenómeno mediante el cual los miembros de un sistema social son educados para que sus respectivas estructuras de creencias sean compatibles con la estructura de creencias de la comunidad. A través de este mecanismo, el sistema social condiciona a los miembros y les exige ciertas opciones de pensamientos y comportamientos que sean coherentes con la estructura de creencias colectivas. El proceso de socialización se divide en formal e informal.

La **socialización formal** es el proceso de socialización que se deriva del sistema educativo formal.

El sistema educativo formal está constituido por el sistema educativo infantil, el sistema educativo primario, el sistema educativo secundario y el sistema educativo universitario. El sistema político es el responsable del proceso de socialización formal, porque las políticas y leyes educativas emanan del sistema político.

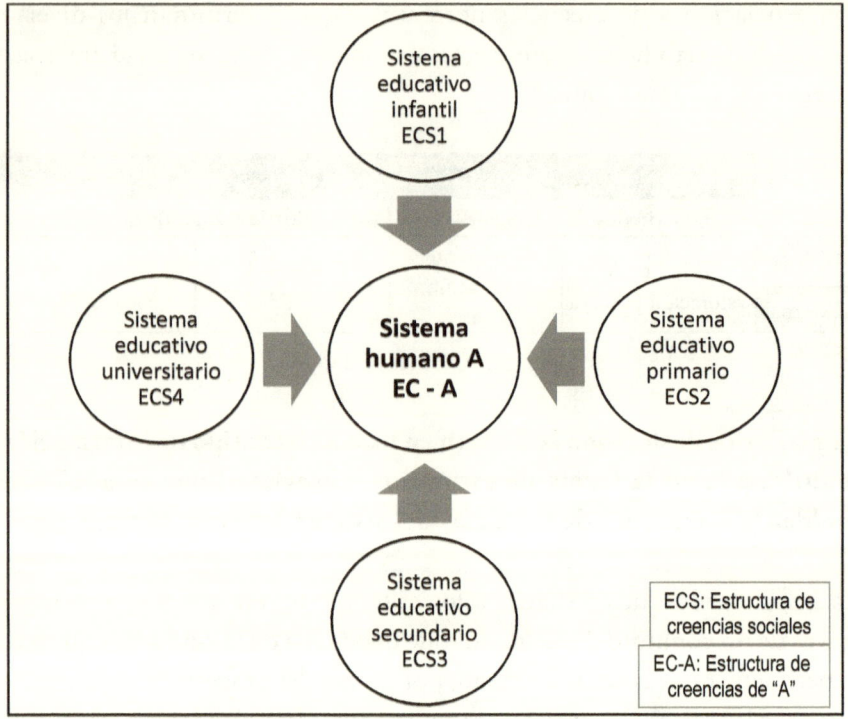

Figura 51: Proceso de socialización formal.

La **socialización informal** es el proceso de socialización que se deriva del sistema educativo informal.

El sistema educativo informal está constituido por los clubes, las familias, los grupos de amigos, los medios de comunicación, los partidos políticos, entre otros. Como vemos, distintos tipos de sistemas sociales son los responsables del proceso de socialización informal.

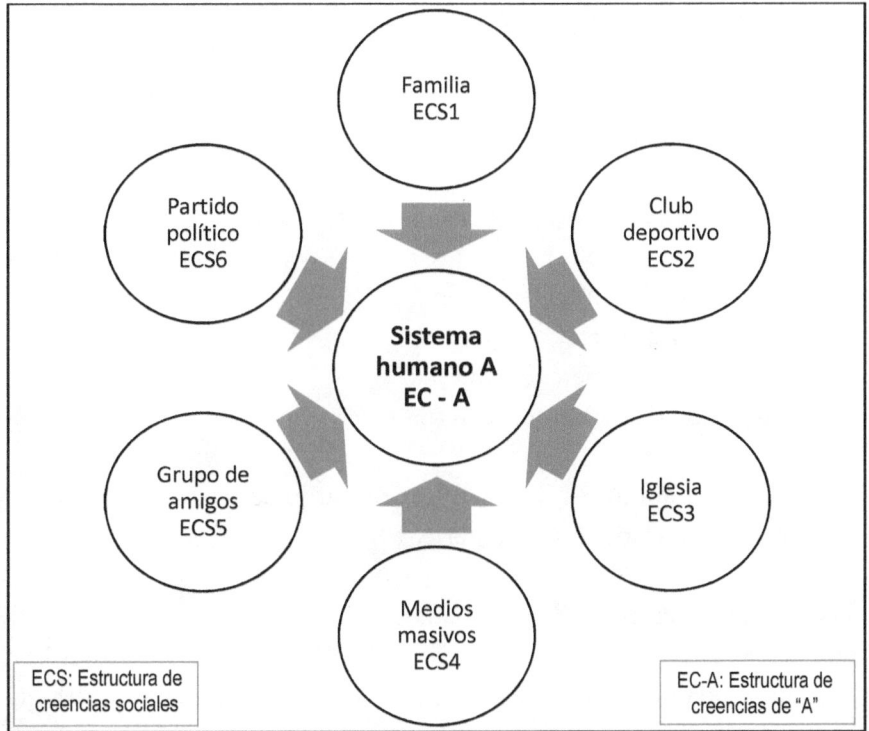

Figura 52: Proceso de socialización informal.

Hemos señalado que los criterios sobre los cuales el sistema humano emite una decisión están constituidos en base a cierto tipo de información.

La **información** es un conjunto de datos sobre diversos fenómenos que pueden gozar de distintos niveles de fidelidad.[14]

Los **datos** son las imágenes sensoriales procedentes de la realidad interna o externa al sistema humano, decodificadas de acuerdo a su particular sistema de creencias activo. Un subsistema de creencias fundamental en la decodificación de todos los datos es el sistema de comunicación lingüística.

---

[14] El proceso de socialización y la temática de la fidelidad de la información han sido explicados anteriormente en la *Teoría de los sistemas sociales. Un modelo basado en los sistemas mentales* (ver sección "Obras relacionadas" al final de este libro).

La **fidelidad** es el grado de exactitud relativa que posee cierta información.

La exactitud hace referencia al grado de rigurosidad asertiva que poseen los datos analizados.

La rigurosidad asertiva depende de cuatro variables:

- El grado de fundamentación
- El grado de corroboración
- El grado de coherencia interna
- El grado de coherencia externa

La **fundamentación** es la justificación argumentativa lógicamente desarrollada que sostiene a un criterio.

Cuanto mayor es el grado de fundamentación, mayor es el grado de rigurosidad asertiva que poseen los datos analizados. Cuanto menor es el grado de fundamentación, menor es el grado de rigurosidad asertiva que poseen los datos analizados.

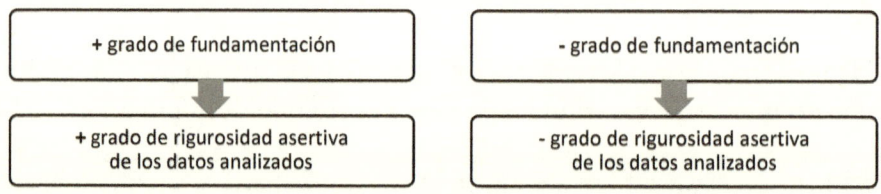

Figura 53: Correlación entre la fundamentación y la rigurosidad asertiva.

La **corroboración** es la evidencia empírica que sustenta la fundamentación.

Cuanto mayor es el grado de corroboración, mayor es el grado de rigurosidad asertiva que poseen los datos analizados. Cuanto menor es el grado de corroboración, menor es el grado de rigurosidad asertiva que poseen los datos.

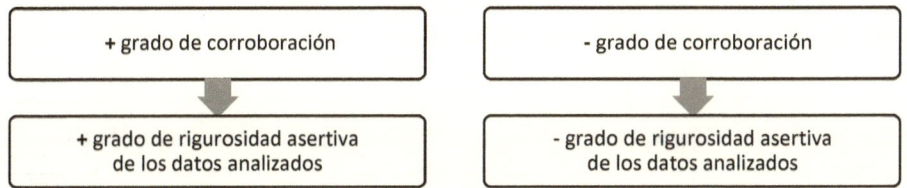

Figura 54: Correlación entre la corroboración y la rigurosidad asertiva.

La **coherencia interna** es el grado de lógica asociativa que poseen las ideas que constituyen a los datos analizados. Cuanto mayor es el grado de lógica asociativa que poseen los datos analizados, mayor es el grado de coherencia interna de los mismos. Cuanto menor es el grado de lógica asociativa que poseen los datos analizados, menor es el grado de coherencia interna de los mismos.

A su vez, cuanto mayor es el grado de coherencia interna, mayor es el grado de rigurosidad asertiva que poseen los datos analizados. Cuanto menor es el grado de coherencia interna, menor es el grado de rigurosidad asertiva que poseen los datos analizados.

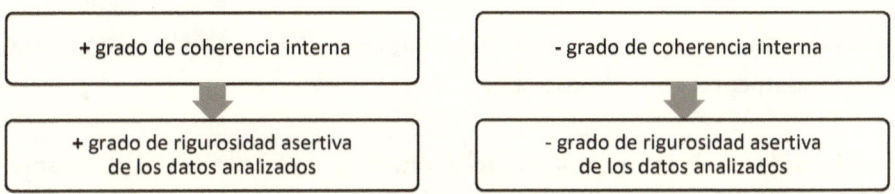

Figura 55: Correlación entre la coherencia interna y la rigurosidad asertiva.

La **coherencia externa** es el grado de lógica asociativa que existe entre los datos analizados y los fenómenos de la realidad que los mismos representan. Cuanto mayor es el grado de correspondencia entre los datos analizados y los fenómenos de la realidad que los mismos representan, mayor es el grado de coherencia externa. Cuanto menor es el grado de correspondencia entre los datos analizados y los fenómenos de la realidad que los mismos representan, menor es el grado de coherencia externa.

A su vez, cuanto mayor es el grado de coherencia externa, mayor es el grado de rigurosidad asertiva que poseen los datos. Cuanto menor es el grado de coherencia externa, menor es el grado de rigurosidad asertiva que poseen los datos.

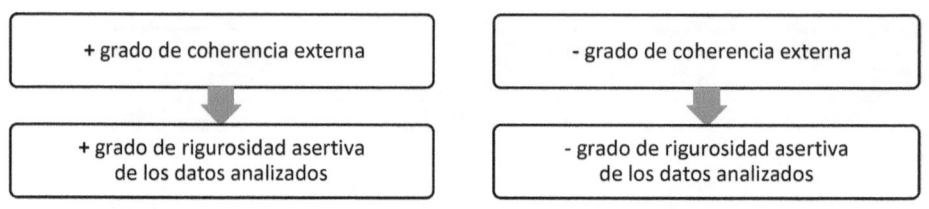

Figura 56: Correlación entre la coherencia externa y la rigurosidad asertiva.

Para simplificar el estudio de los niveles de fidelidad relativa de la información usaremos las variables de fundamentación y corroboración, según valores absolutos representados a través de cuatro posibles opciones:

A) Presencia de fundamentación
B) Presencia de corroboración
C) Ausencia de fundamentación
D) Ausencia de corroboración

La fidelidad de la información es relativamente alta cuando la misma goza de fundamentación y de corroboración.

La fidelidad de la información es relativamente moderada cuando la misma goza de fundamentación pero carece de corroboración.

La fidelidad de la información es relativamente baja cuando la misma carece de fundamentación y de corroboración.

Nivel de fidelidad de la información		
NIVEL DE FIDELIDAD	*Fundamentación*	*Corroboración*
Alta	Información fundamentada	Información corroborada
Media	Información fundamentada	Información no corroborada
Baja	Información no fundamentada	Información no corroborada

Figura 57: Nivel de fidelidad de la información.

El tipo de información va a contribuir al desarrollo de ciertos criterios, a su vez, los criterios van a decodificar la información que la persona recibe. Pero al principio los criterios se forman de acuerdo a la información obtenida.

La fidelidad de la información va a determinar el grado de fidelidad del criterio y el grado de fidelidad del criterio va a determinar el grado de fidelidad del proceso de decisión.

Cuando mayor sea el nivel de fidelidad de la información, mayor será el grado de fidelidad del criterio que se desarrolla en base a la misma y, por lo tanto, mayor será el nivel de fidelidad del proceso de decisión. Cuando menor sea el nivel de fidelidad de la información, menor será el grado de fidelidad del criterio que se desarrolla en base a la misma y, por lo tanto, menor será el nivel de fidelidad del proceso de decisión.

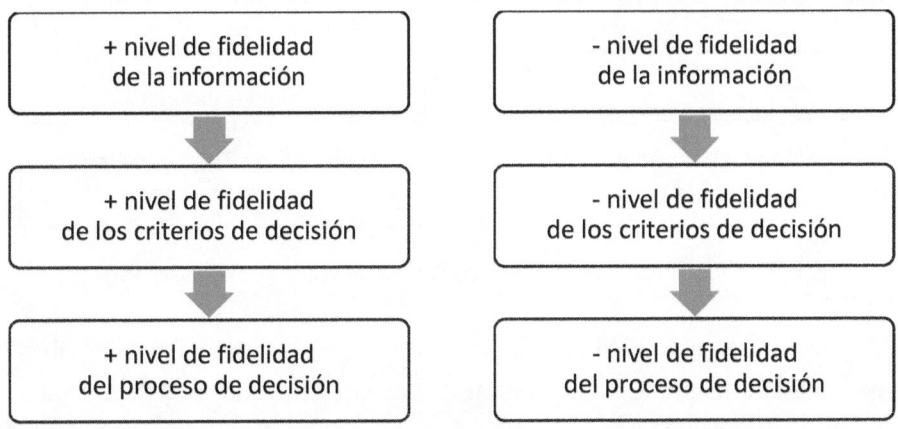

Figura 58: Correlación entre la fidelidad de la información, los criterios y el proceso de decisión.

El concepto de fidelidad del proceso de decisión sirve para analizar el nivel de riesgo en relación a este fenómeno.

El **riesgo** es la probabilidad de que una expectativa manifestada a través de un fin no se cumpla.

Para un sistema humano protagonista, arriesgarse es aventurarse a vivir una situación en la que no pueda concretar su expectativa.

El riesgo implica incertidumbre y siempre está presente. Para minimizarlo, una persona puede mejorar el procedimiento de evaluación, perfeccionar los mecanismos de análisis e incrementar los niveles de fidelidad de la información mediante la cual se forman sus criterios de decisión.

Cuanto mayor sea el nivel de fidelidad del proceso de decisión, menor será el nivel de riesgo respecto al resultado deseado. Es decir, menor será la probabilidad de incumplimiento de las expectativas manifestadas en el pensamiento proyectivo que define la decisión.

Por el contrario, cuanto menor sea el nivel de fidelidad del proceso de decisión, mayor será el nivel de riesgo respecto al resultado deseado. Es decir, mayor será la probabilidad de incumplimiento de las expectativas manifestadas en el pensamiento proyectivo que define la decisión.

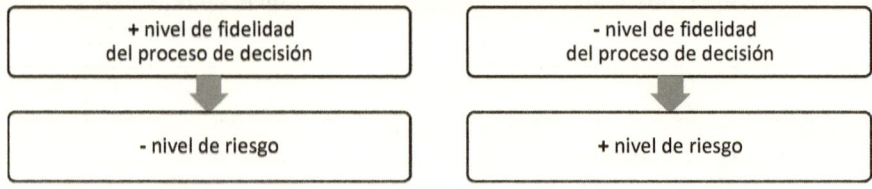

Figura 59: Correlación entre la fidelidad del proceso de decisión y el nivel de riesgo.

Por último, cabe mencionar que existe una correspondencia entre el nivel de fidelidad del proceso de decisión y el nivel de racionalidad del mismo.

Cuanto mayor es el grado de fidelidad del proceso de decisión, mayor será el grado de racionalidad del mismo. Cuanto menor es el grado de fidelidad del proceso de decisión, menor será el grado de racionalidad del mismo.

La fidelidad es el grado de exactitud relativa que posee la información, dado por el grado de rigurosidad asertiva de los datos.

Sabemos que la rigurosidad asertiva depende de cuatro variables: fundamentación, corroboración, coherencia interna y coherencia externa.

Cuanto mayores sean los niveles de las mismas, mayor será el grado de rigurosidad asertiva, fidelidad y racionalidad del proceso de decisión.

Figura 60: Correlación entre el nivel de rigurosidad asertiva de la información y el grado de racionalidad del proceso de decisión.

A su vez, existe un paralelismo entre la ausencia de fidelidad del proceso de decisión y la irracionalidad del mismo.

La ausencia de fidelidad se mide por el grado de inexactitud relativa que posee cierta información. La inexactitud hace referencia al grado de ausencia de rigurosidad asertiva que poseen los datos analizados.

Existen cuatro antinomias que constituyen las variables de la ausencia de fidelidad:

- Ausencia de fundamentación
- Ausencia de corroboración
- Incoherencia interna
- Incoherencia externa

Si se dan estas antinomias, no corresponde hablar de grados de racionalidad, sino de grados de irracionalidad en el proceso de decisión.

Cuanto mayor sea el grado de estas variables, mayor será el nivel de carencia de rigurosidad asertiva, ausencia de fidelidad e irracionalidad del proceso de decisión.

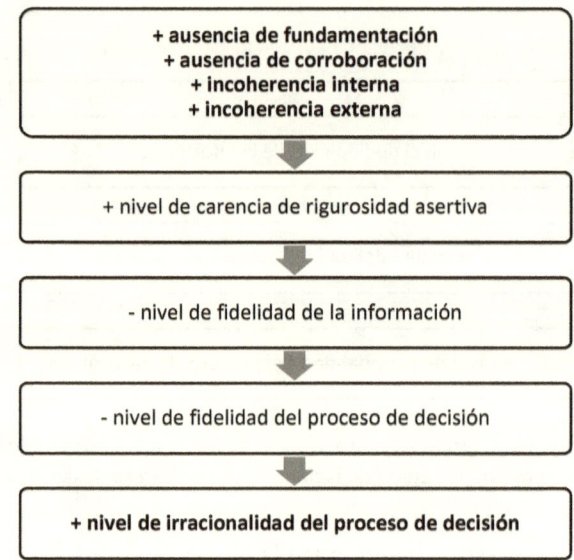

Figura 61: Correlación entre la carencia de rigurosidad asertiva de la información y el grado de irracionalidad del proceso de decisión.

En definitiva, podemos definir a la **racionalidad** como el grado de fidelidad de los criterios de decisión que emplea el sistema humano para el desarrollo de diversos comportamientos teleológicos.

La **irracionalidad**, por el contrario, es el grado de inexactitud de los criterios de decisión que emplea el sistema humano para el desarrollo de diversos comportamientos teleológicos.

De acuerdo con esto, un **comportamiento racional** es una acción física y/o lingüística desarrollada de acuerdo a ciertos criterios de decisión que poseen un determinado grado de fidelidad.

Un **comportamiento irracional** es una acción física y/o lingüística desarrollada de acuerdo a ciertos criterios de decisión que poseen un determinado grado de inexactitud.

Ecuación de bienestar real

El proceso de decisión puede ser analizado en función de cuatro etapas que lo definen, formadas por tres momentos evaluativos que conducen a la gestación de la decisión final:

1. La evaluación ponderativa de las opciones contempladas.
2. La evaluación de viabilidad de las opciones contempladas.
3. La evaluación de bienestar real de las opciones contempladas.
4. La adopción de la decisión.

La primera etapa es llevada a cabo por el sistema de valoración, el cual se encarga de asignarle un nivel de valoración (positiva o negativa) a las opciones contempladas.

La segunda etapa es responsabilidad del sistema de evaluación de viabilidad, el cual determina el nivel de viabilidad o inviabilidad de las opciones contempladas.

En la tercera etapa intervienen ambos. Aquí es donde cobra relevancia la ecuación de bienestar real.

Es importante remarcar que la primera y la segunda evaluación no suceden necesariamente en ese orden, sin embargo, los resultados que ambas proveen serán determinantes para el análisis del nivel de bienestar real de las opciones contempladas. En base a esta última evaluación, el sistema humano determina el pensamiento de futuro que adoptará como decisión.

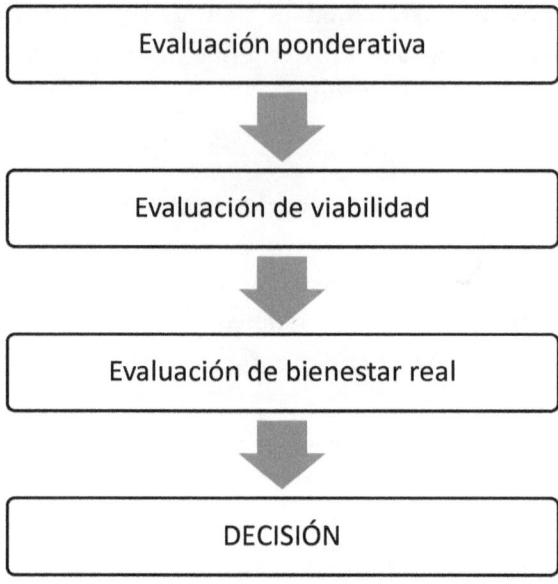

Figura 62: Etapas del proceso de decisión.

Sabemos que los pensamientos de futuro más valorados son los que el sistema humano va a elegir concretar y, a su vez, los pensamientos más valorados son aquellos que le ofrecen al sistema humano el mayor nivel relativo de bienestar, o menor nivel relativo de malestar, de acuerdo con las opciones de futuro contempladas.

Cabe destacar que los conceptos de bienestar y malestar hacen referencia a diferentes **estados emocionales** que experimentan los sistemas humanos.

Por otra parte, el análisis de viabilidad que realiza la persona al momento de evaluar sus opciones de manifestación determinará el grado de viabilidad o inviabilidad de las mismas.

Del cruce de estas variables (bienestar/malestar y viabilidad/inviabilidad) se desprende la **ecuación de bienestar real**, que será la que determinará la opción de manifestación que el sistema humano decidirá llevar a cabo.

El nivel de bienestar real relativo que ofrecen las opciones contempladas será clave en la conclusión del proceso de decisión.

De acuerdo con la **ley de decisión**, el sistema humano siempre va a elegir la opción subjetivamente viable que ofrezca el mayor nivel relativo de bienestar real, o el menor nivel relativo de malestar real, a cada momento y en determinadas circunstancias.

Las opciones proyectadas por el sistema humano ofrecen un cierto estado de bienestar o malestar.

Sobre todas las opciones proyectadas, la persona determina el bienestar potencial relativo que puede obtener mediante la adquisición de la misma. Pero el bienestar potencial relativo de la opción proyectada se ve afectado por el grado de viabilidad relativa proyectada que implica tratar de obtener esa opción.

De esta evaluación conjunta nace el concepto de **bienestar real** proyectado que se encuentra manifiesto en la siguiente ecuación: el nivel de bienestar potencial de la opción proyectada, menos el costo de viabilidad es igual al nivel de bienestar real de la opción. Cabe destacar que el resultado de esta ecuación es la proyección del nivel de bienestar real que le ofrece la opción al sistema humano protagonista.

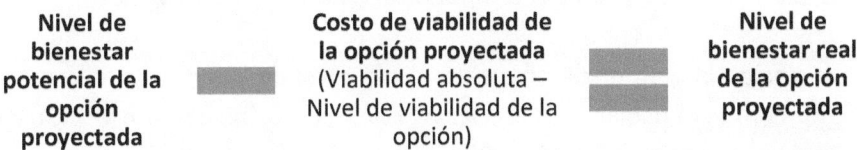

Figura 63: Ecuación de bienestar real.

La primera variable, el **nivel de bienestar potencial de la opción proyectada**, se refiere al nivel de bienestar —o malestar, si es un valor negativo– que le provoca a la persona imaginarse viviendo la opción contemplada.

La segunda variable, el **costo de viabilidad**, se refiere a la magnitud relativa de recursos necesarios para conseguir la opción evaluada por el sistema humano. El mismo es una operación de resta que consiste en: el nivel de viabilidad absoluta menos el nivel de viabilidad percibido de la opción.

El nivel de **viabilidad absoluta** corresponderá siempre a un valor fijo de diez puntos.

El **nivel de viabilidad percibido** de la opción es el grado de facilidad –o dificultad, si es un valor negativo– para conseguir la opción evaluada por el sistema humano (según su análisis de viabilidad subjetivo). Si la opción es considerada viable, se analiza el grado de facilidad y se le otorgará un valor positivo en una escala del uno al diez. Si la opción es considerada inviable, se analiza el grado de dificultad y se le otorgará un valor negativo en una escala del menos uno al menos diez.[15]

El resultado, el **nivel de bienestar real de la opción**, es el nivel de bienestar proyectado menos el costo de viabilidad.

Para la toma de decisiones, el sistema humano calcula cada opción según esta ecuación y luego compara los resultados. La opción que ofrezca el mayor nivel de bienestar real, o el menor nivel de malestar real, dependiendo de la situación, será la opción elegida por la persona.

En este sentido, podemos encontrar tres variantes de la ecuación, según las variables intervinientes y los resultados que las mismas provocan.

Si la opción contemplada ofrece un cierto nivel de bienestar proyectado, siempre vamos a hablar de la primera variable como "bienestar potencial de la opción proyectada". En este caso, el resultado de la ecuación, dependiendo del costo de viabilidad, puede ser positivo o negativo.

Si la opción contemplada ofrece un cierto nivel de malestar proyectado, siempre vamos a hablar de la primera variable como "malestar potencial de la opción proyectada". En estos casos, el resultado de la ecuación es siempre negativo.

---

[15] Tal como establecen las tipologías de condicionamientos e inviabilidad, hay opciones que temporalmente son inviables, pero superado ese lapso de tiempo, la inviabilidad se puede convertir en viabilidad. Cuando la persona considera que hay una opción inviable por un determinado lapso de tiempo, eso significa que la misma posee condicionamientos superables. El grado de dificultad es el costo que tiene el sistema humano para superar estos condicionamientos.

En suma, las tres variantes de la ecuación de bienestar real son:

1) El bienestar proyectado menos el costo de viabilidad es igual a un cierto grado de bienestar real.
2) El bienestar proyectado menos el costo de viabilidad es igual a un cierto grado de malestar real.
3) El malestar proyectado menos el costo de viabilidad es igual a un cierto grado de malestar real.

Las mismas pueden ser expresadas de la siguiente manera:

1) $+ BP - CV = + BR$
2) $+ BP - CV = - MR$
3) $- MP - CV = - MR$

El nivel de bienestar (**BP** o **BR**) es un número que en el lenguaje matemático se representa con el signo positivo.

El costo de viabilidad (**CV**) se representa con el signo negativo.

El nivel de malestar (**MP** o **MR**) es un número que en el lenguaje matemático se representa con el signo negativo.

En el tipo de ecuación 1, la variable de bienestar potencial de signo positivo supera en magnitud a la variable de costo de viabilidad de signo negativo y, por ende, se genera un resultado positivo de bienestar real.

En el tipo de ecuación 2, la variable de bienestar potencial de signo positivo no supera en magnitud a la variable de costo de viabilidad de signo negativo y, por ende, la ecuación genera un resultado de signo negativo que representa un nivel de malestar real.

En el tipo de ecuación 3, la primera variable es un nivel de malestar potencial de signo negativo y la segunda es el costo de viabilidad, que siempre es igual o menor a cero, por lo tanto, el resultado, inevitablemente, será de signo negativo, representando un nivel de malestar real.

Esto puede ser sintetizado en los siguientes términos:

1) Si BP > CV → BR
2) Si BP ≤ CV → MR
3) Si MP → MR

La ecuación de bienestar real es representativa de una evaluación que hacemos, consciente o inconscientemente, al tomar una decisión. Los valores hipotéticos nos sirven para poder ilustrar distintos casos.

Es interesante notar cómo el bienestar o malestar proyectado relativo que puede ofrecer una opción es afectado negativamente por el costo de viabilidad que implica la misma. Los seres humanos siempre contemplan los recursos que deben invertir para poder alcanzar un objetivo. El objetivo puede ser muy valioso para un sujeto, pero la inversión de recursos puede ser tan costosa que genere una disminución del bienestar real percibido.

Cabe destacar que, de acuerdo a lo que se deduce de la ley de valoración, el nivel de bienestar o malestar asignado a una determinada opción va a determinar el mismo nivel de valoración positiva o negativa, respectivamente. Por lo tanto, la ecuación de bienestar real proyectado habilita la existencia de la ecuación de valoración real proyectada.

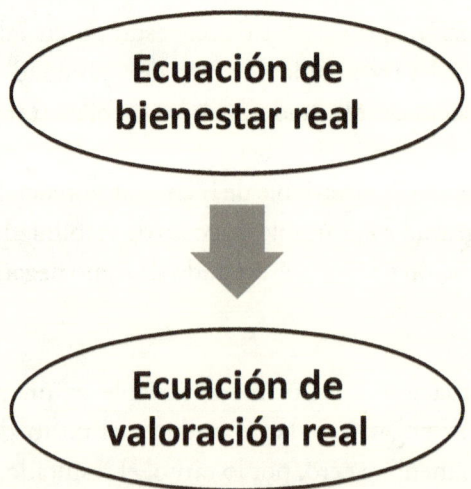

Figura 64: Equivalencia entre ecuaciones de bienestar real y de valoración real.

Dada su equivalencia con la ecuación de bienestar real, la **ecuación de valoración real proyectada** puede ser expresada de la siguiente manera:

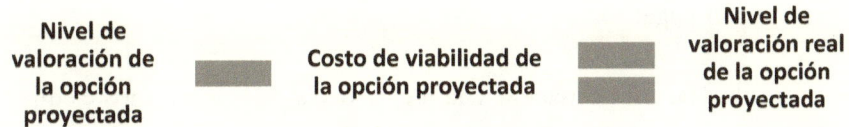

Figura 65: Ecuación de valoración real.

La ecuación de valoración real sirve para comprender la valoración definitiva que se le asigna a una determinada opción.

Recordemos que el carácter relativo de la valoración que ofrece una opción se debe a la evaluación comparativa que realiza el sistema humano siempre que genera un acto de evaluación ponderativa, como fue explicado anteriormente en la ley de valoración relativa.

Dado un cierto conjunto de opciones contempladas, de acuerdo a la ecuación de valoración real, va a ser preferida la opción que ofrezca relativamente el mayor nivel de valoración real positiva.

Por otro lado, la ecuación de valoración real no siempre ofrece resultados positivos. La misma puede también ofrecer valoraciones negativas cuando el costo de viabilidad es mayor que el nivel de valoración positiva o cuando la primera variable consiste en un nivel de valoración negativa.

En este sentido, las tres variantes de la ecuación de valoración real pueden expresarse de la siguiente manera (donde la variable **VP** corresponde al nivel de valoración proyectada y el resultado **VR** al nivel de valoración real):

1) $+ VP - CV = + VR$
2) $+ VP - CV = - VR$
3) $- VP - CV = - VR$

En el caso de que se realizara la evaluación comparativa de un conjunto de opciones percibidas como viables y todas ellas ofrecieran resultados negativos en sus respectivas valoraciones reales, el sistema humano procederá a preferir la opción que minimiza el nivel de malestar. En otras palabras, va a elegir la opción que posea relativamente el menor nivel real de valoración negativa.

Vamos a ilustrar esta ecuación y la ley de decisión con algunos ejemplos muy simples:

Caso 1:

Una persona tiene una X cantidad de dinero disponible en el banco y evalúa tres posibles acciones excluyentes que puede llevar a cabo con esa suma de dinero: "podría comprarme una computadora más moderna" (Y1), "podría comprarme una consola de videojuegos" (Y2) o "podría dejar el dinero guardado en el banco" (Y3). Al evaluar mentalmente dichos pensamientos de futuro, su sistema de valoración emite pensamientos valorativos, con una cuantía de ponderación positiva relativa de nueve (V1), siete (V2) y dos puntos (V3), respectivamente, derivada del idéntico nivel de bienestar relativo que le genera imaginarse viviendo dichas situaciones.

Opciones proyectadas		Nivel de valoración/ bienestar
1	Tener una computadora más moderna	(+) 9
2	Tener una consola de videojuegos	(+) 7
3	Tener el dinero en el banco	(+) 2

Figura 66: Estructura de valoraciones. Caso 1.

Para las primeras dos opciones, el nivel de viabilidad percibida es de nueve puntos, ya que la persona cuenta con el dinero necesario y la posibilidad de realizar la compra por internet en ese mismo instante y recibir el producto al día siguiente. Lo único que le falta es realizar la acción de compra (que requiere de un muy bajo nivel de esfuerzo físico y mental), pero ambos recursos son altamente viables, casi inmediatamente. La tercera opción tiene un nivel de viabilidad de diez puntos, porque está disponible inmediatamente sin ningún esfuerzo.

Opciones de manifestación		Nivel de viabilidad
1	Comprar una computadora	(+) 9
2	Comprar una consola de videojuegos	(+) 9
3	Dejar el dinero en el banco	(+) 10

Figura 67: Nivel de viabilidad de las opciones. Caso 1.

Dada la equivalencia entre la ecuación de bienestar real y la ecuación de valoración real, cada opción proporciona los siguientes valores:

Opciones de manifestación		Bienestar proyectado	Viabilidad	Ecuación de bienestar real	Bienestar real
1	Tener una computadora más moderna	(+) 9	(+) 9	9 − (10 − 9) = 8	(+) 8
2	Tener una consola de videojuegos	(+) 7	(+) 9	7 − (10 − 9) = 6	(+) 6
3	Dejar el dinero en el banco	(+) 2	(+) 10	2 − (10 − 10) = 2	(+) 2

Figura 68: Cálculo del bienestar real de las opciones. Caso 1.

En la figura 68, luego de haber calculado el bienestar real que le proporciona a la persona cada una de estas opciones y siguiendo la ley de decisión, podemos deducir que elegirá la opción 1, por ser la que le ofrece un mayor nivel relativo de bienestar real.

Como consecuencia, de acuerdo con la ley de comportamiento racional, dicha opción se convertirá en una necesidad para la persona, que buscará satisfacer a través de una serie de comportamientos ordenados que planificará y ejecutará para que se manifieste el resultado proyectado.

Caso 2:

Una persona se imagina siendo dueño de un coche de alta gama (coche A), opción que le genera un grado de bienestar de diez puntos. Luego, se imagina en un coche menos lujoso (coche B), lo que le proporciona un nivel de bienestar de siete puntos, en comparación. Su tercera opción es un coche económico (coche C), lo cual le proporciona un nivel de bienestar de cinco puntos, dado que es peor que la primera opción, pero mucho mejor que la cuarta opción. La cuarta opción es no comprarse un coche y seguir usando el transporte público, lo cual le genera un nivel de malestar de seis puntos.

Opciones proyectadas		Nivel de bienestar/ valoración	Orden jerárquico
1	Coche A	(+) 10	Opción 1
2	Coche B	(+) 7	Opción 2
3	Coche C	(+) 5	Opción 3
4	No comprar coche	(-) 6	Opción 4

Figura 69: Estructura de valoraciones. Caso 2.

Para saber qué decisión de compra realizará este individuo, debemos conocer cómo evalúa la probabilidad de materializar estas opciones.

El coche A es tan caro, que la persona lo considera inviable, con un nivel de inviabilidad de diez puntos, es decir, el condicionamiento externo (obtener la suma de dinero que le permita comprarlo) es considerado como insuperable.

El coche B es menos caro, pero sigue existiendo un condicionamiento monetario, que la persona considera superable pero sujeto a otro condicionamiento externo: la obtención de un préstamo bancario y la posibilidad de poder pagar ese dinero a futuro. Conseguir dicho préstamo y poder pagarlo en tiempo y forma es considerado probable, pero en un bajo nivel, por lo cual podríamos decir que esta persona le asigna a dicha opción un nivel cuatro de viabilidad.

El coche C es el más económico y accesible casi inmediatamente, gracias a que la persona ya posee dicha suma de dinero y lo único que tiene que hacer es ir a una agencia y comprarlo. Como consecuencia, se le asigna a la opción 3 un nivel de viabilidad de nueve puntos.

La opción cuatro tiene un nivel diez de viabilidad, porque ya está sucediendo, la posibilidad ya está materializada.

Opciones de manifestación		Nivel de viabilidad
1	Coche A	(-) 10
2	Coche B	(+) 4
3	Coche C	(+) 9
4	No comprar coche	(+) 10

Figura 70: Nivel de viabilidad de las opciones. Caso 2.

Como veremos a continuación, este es un caso donde el nivel de viabilidad afecta drásticamente la decisión final, producto de alterar la jerarquía de valoraciones proyectadas inicialmente.

La persona imagina el mayor nivel de bienestar con la opción proyectada 1, pero la considera absolutamente inviable, por lo tanto no es una opción que elija llevar a cabo.

De las opciones viables, el coche B es el más valorado, sin embargo, la persona elegirá comprar el coche C. ¿Por qué sucede esto? Porque la diferencia de bienestar proyectado entre la opción 2 y la opción 3 es menor a la diferencia entre sus niveles de viabilidad percibidos. En otras palabras, el bienestar marginal que le produce imaginarse poseyendo el coche B en relación al coche C es menor que la diferencia entre el esfuerzo que debe realizar para obtener el coche B y el esfuerzo que debe realizar para obtener el coche C. El costo de viabilidad que le genera a esta persona superar los condicionamientos para obtener el coche B (ir al banco a pedir un préstamo y contraer una deuda que no sabe si podrá pagar) es de un nivel de seis puntos (diez menos cuatro); mientras que el costo de viabilidad para comprar el coche C, para el cual ya tiene el dinero, es de un solo punto (solo implica ir a la agencia y comprarlo).

El costo de viabilidad de la opción 2 disminuye el nivel de bienestar de la opción de forma tal que la opción 3 pasa a ocupar el primer lugar en el orden jerárquico. Como consecuencia, la persona decidirá comprar el coche C, dado que es la opción que le proporciona un mayor nivel de bienestar real.

Opciones de manifestación		Bienestar proyectado	Viabilidad	Ecuación de bienestar real	Bienestar real	Orden Jerárquico
1	Coche A	(+) 10	(-) 10	10 – (10 + 10) = -10	(-) 10	Opción 3
2	Coche B	(+) 7	(+) 4	7 – (10 – 4) = 1	(+) 1	Opción 2
3	Coche C	(+) 5	(+) 9	5 – (10 – 9) = 4	(+) 4	Opción 4
4	No comprar coche	(-) 6	(+) 10	-6 – (10 – 10) = -6	(-) 6	Opción 1

Figura 71: Cálculo del bienestar real de las opciones. Caso 2.

Caso 3:

Recordemos el ejemplo que mencionamos en capítulos anteriores, donde una persona está en su oficina y se imagina tres posibles actividades que podría realizar en las próximas vacaciones (descansar en la playa, terminar el proyecto en el que está trabajando y arreglar su casa) asignándoles una valoración positiva de nueve, cinco y dos puntos, respectivamente. Dichos niveles de valoración son equivalentes al nivel de bienestar proyectado para cada una de las opciones.

	Opciones proyectadas	Nivel de valoración/ bienestar	Orden jerárquico
1	Descanso en la playa	(+) 9	Opción 1
2	Proyecto terminado	(+) 5	Opción 2
3	Casa arreglada	(+) 2	Opción 3

Figura 72: Estructura de valoraciones. Caso 3.

Supongamos que cuando el sujeto realiza una evaluación de viabilidad sobre cada una de las opciones le asigna un nivel ocho de viabilidad a la primera (ya que tiene los recursos para llevarla a cabo, pero no son inmediatos, porque debe pedirle vacaciones a su jefe), un nivel cinco de inviabilidad a la segunda (porque necesita de la presencia de un compañero de trabajo para concluir el proyecto y este compañero le ha dicho que tiene todo listo para tomarse vacaciones en esa fecha) y un nivel de viabilidad de seis puntos a la tercera opción (la persona considera viable poder terminar de arreglar su casa en el tiempo que tiene de vacaciones, pero eso depende de otros recursos intermedios que aún debe conseguir, lo cual requiere de cierto tiempo y dedicación).

Opciones de manifestación		Nivel de viabilidad
1	Descanso en la playa	(+) 8
2	Proyecto terminado	(-) 5
3	Casa arreglada	(+) 6

Figura 73: Nivel de viabilidad de las opciones. Caso 3.

Dada la equivalencia entre la ecuación de bienestar real y la ecuación de valoración real, cada opción proporciona los siguientes valores:

Opciones de manifestación		Bienestar proyectado	Viabilidad	Ecuación de bienestar real	Bienestar real	Orden Jerárquico
1	Descanso en la playa	(+) 9	(+) 8	9 – (10 – 8) = 7	(+) 7	Opción 1
2	Proyecto terminado	(+) 5	(-) 5	5 – (10 + 5) = - 10	(-) 10	Opción 3
3	Casa arreglada	(+) 2	(+) 6	2 – (10 – 6) = -2	(-) 2	Opción 2

Figura 74: Cálculo del bienestar real de las opciones. Caso 3.

En este caso, luego del cálculo de viabilidad, la primera opción no se ve casi afectada en su nivel de bienestar, dado que el grado de facilidad para materializar la opción es de un nivel alto (ocho puntos). Esta opción no pierde jerarquía y es la que elige llevar a cabo el sistema humano.

Sin embargo, notamos que el nivel de bienestar de la segunda y la tercera opción pasa a ser negativo, dado que el costo de viabilidad sobrepasa al grado de valoración de las opciones proyectadas. Además la segunda opción pasa a ocupar el tercer lugar en el orden jerárquico, afectada por el costo de viabilidad.

Caso 4:

Una persona está evaluando cambiar de trabajo. Actualmente, está ocupando un empleo (A) y la idea de seguir en ese puesto le genera un malestar proyectado de grado cuatro. Como segunda opción, se le ha presentado la oportunidad de ocupar una posición similar pero de mejor jerarquía en otra ciudad (empleo B), idea que le provoca un bienestar proyectado de dos puntos. Por otra parte, la opción de no trabajar le provoca gran malestar, con lo cual le asigna una valoración negativa de ocho puntos.

	Opciones proyectadas	Nivel de bienestar/ valoración	Orden jerárquico
1	Empleo A (actual)	(-) 4	Opción 2
2	Empleo B	(+) 2	Opción 1
3	Desempleo	(-) 8	Opción 3

Figura 75: Estructura de valoraciones. Caso 4.

Como podemos ver en la figura 75, la persona le asigna un mayor nivel de jerarquía en su estructura de valoraciones al empleo B. Sin embargo, al evaluar el costo de viabilidad de las opciones, el panorama cambia.

	Opciones de manifestación	Nivel de viabilidad
1	Empleo A (actual)	(+) 10
2	Empleo B	(+) 2
3	Desempleo	(+) 8

Figura 76: Nivel de viabilidad de las opciones. Caso 4.

Para este sistema humano, la opción de mantener el empleo actual tiene un grado de viabilidad de diez puntos, dado que no tiene que hacer nada más que continuar con la rutina que ya ha aprendido a lo largo de los años.

Por otra parte, la opción de tomar el empleo B le requiere hacer un mayor esfuerzo: debe dejar su casa y alquilar una nueva, mudar a toda su familia a otra ciudad, adaptarse a la nueva empresa y las nuevas tareas, etc. Esta opción posee una viabilidad mediata y requiere superar una serie de condicionamientos. Como consecuencia, se le asigna un grado de viabilidad de nivel dos.

Por último, la opción de dejar de trabajar tiene una viabilidad de mediano plazo (porque la persona cuenta con ahorros para dejar de trabajar por un tiempo y su cónyuge también tiene ingresos), entonces le asigna un grado de viabilidad de ocho puntos.

Opciones de manifestación	Bienestar proyectado	Viabilidad	Ecuación de bienestar real	Bienestar real	Orden Jerárquico
1	Empleo A (actual)	(-) 4	(+) 10	-4 – (10 – 10) = -4	(-) 4	Opción 1
2	Empleo B	(+) 2	(+) 2	2 – (10 – 2) = -6	(-) 6	Opción 2
3	Desempleo	(-) 8	(+) 8	-8 – (10 – 8) = -10	(-) 10	Opción 3

Figura 77: Cálculo del bienestar real de las opciones. Caso 4.

Tras hacer el cálculo de bienestar real, en la figura 77, vemos que el nivel bienestar real de las tres opciones resulta negativo para el sujeto. Como resultado, la persona elegirá la opción que minimice el malestar real, es decir, decidirá continuar con su empleo actual. Esto sucede porque, a pesar del malestar que su ocupación actual le provoca diariamente, la opción de cambiar por un empleo mejor le resulta muy costosa y la opción de estar desempleado le genera un mayor nivel de malestar (a pesar de ser altamente viable).

Antes de concluir, cabe hacer algunas **aclaraciones**:

1. Los resultados obtenidos con la ecuación de bienestar real son valores que representan un estado de bienestar o malestar hipotético. Sirven para comparar las ponderaciones reales de las opciones.

Es una ecuación que representa valores hipotéticos, relativos y subjetivos de los niveles de bienestar/malestar proyectados y de los niveles de costo de viabilidad. Pero estos valores son los que determinan que una opción sea más ponderada que otra y que la persona decida manifestar esa opción, por lo tanto, esta ecuación es fundamental en la toma de decisiones. Sabemos que el sistema humano elegirá siempre la opción que le provoque el mayor nivel de bienestar o el menor nivel de malestar posible; es por eso que la comparación de los resultados para cada opción resulta muy útil.

2. El sistema humano siempre está experimentando una emoción, positiva o negativa, no hay neutralidad.

Cuando el resultado de la ecuación para una opción da cero, se considera que la misma le provoca malestar. Esto sucede porque no hay incentivo para llevar a cabo la acción, ya que el costo de viabilidad anuló por completo el nivel de bienestar. Cuando el costo de viabilidad es equivalente al nivel de bienestar proyectado, ya provoca malestar, con lo cual tiende a ser negativo. En estos casos el sistema humano percibe a la opción en el umbral del malestar, por eso, como convención, a la opción se le asigna un menos uno.

3. Si hay empate entre las opciones, el sistema humano tenderá a agregar nuevos factores al análisis. La inactividad, debido a la equivalencia de valores, se resuelve considerando nuevos datos.

Por ejemplo, una persona se enfrenta a dos opciones: "voy" (Opción 1) y "no voy" (Opción 2), con valores reales de cinco y cinco respectivamente. Ante la momentánea indecisión, la mente sigue emitiendo pensamientos: "tal vez si salgo pase algo distinto", "tal vez me encuentre con alguien especial", "hace mucho que no salgo", etc. Con estos nuevos pensamientos los valores finales se alteran hasta que el sujeto toma la decisión.

Inevitablemente, la persona empieza a evaluar información que va a terminar provocando una alteración de los valores reales de bienestar proyectado o de malestar proyectado, con lo cual va a haber siempre una diferencia que va a provocar que el individuo tome una decisión.

Las ecuaciones se siguen sucediendo, hasta que el sujeto elija. Esta es una dinámica de razonamiento que se repite hasta que se resuelve la equivalencia y eso significa que se genera una diferencia. Cuando se genera esa diferencia, la opción que ofrece mayor beneficio, es decir la que ofrece mayor nivel de bienestar relativo o menor nivel de malestar relativo, será la ganadora. Una vez que se supera la situación de equivalencia y se genera una diferencia reconocible, se va a elegir la opción que mayor bienestar provoque, o que menor malestar provoque si todos los resultados son negativos.

Recordemos que al sistema mental están ingresando estímulos constantemente. Puede darse una situación de equivalencia momentánea, pero el sistema no se queda inerte, sigue agregando y evaluando datos. Cuando se agregan datos, se altera el nivel de bienestar o malestar relativo y la indecisión se resuelve.

Nunca hay una situación de no decisión. Porque incluso, si ante un empate la persona abandona esa lista de opciones, está tomando la decisión de no hacer nada (o de evaluar nuevas opciones y descartar las anteriores).

4. La ecuación de bienestar real es un cálculo hipotético que pone de manifiesto la compleja evaluación que realiza el sistema humano para tomar una decisión. Hay un sinnúmero de criterios que intervienen en la toma de decisiones, pero esta complejidad ha sido simplificada. La misma ecuación es una simplificación de la realidad. La ecuación de bienestar real sirve para comprender de forma elegante el proceso de toma de decisión.

La estructura de valoraciones se altera permanentemente. En esta evaluación estamos "congelando un momento", es la "foto de un segundo". De una enorme cantidad de decisiones, tomamos la foto en una decisión.

Este es el máximo nivel de elegancia que podemos ofrecer a la hora de analizar las razones de por qué un sujeto decide y, por ende, elige esa opción y no otra. Es una forma matemática de poner de manifiesto que la persona va a elegir la opción que le ofrezca el menor nivel de malestar posible o el mayor nivel de bienestar posible.

5. El sistema humano no elegirá opciones de inviabilidad insuperable, aunque su nivel de valoración sea de una alta magnitud. Para las opciones de inviabilidad superable, evaluar el grado de inviabilidad de las mismas puede servir para que la persona contemple maneras de convertirlas en opciones viables.

6. Un mapa del nivel de bienestar/malestar proyectado y del nivel de viabilidad/inviabilidad proyectado (ver figura 78) puede agregar más información para la toma de decisiones, permitiendo al sistema humano revaluar sus opciones antes de decidir.

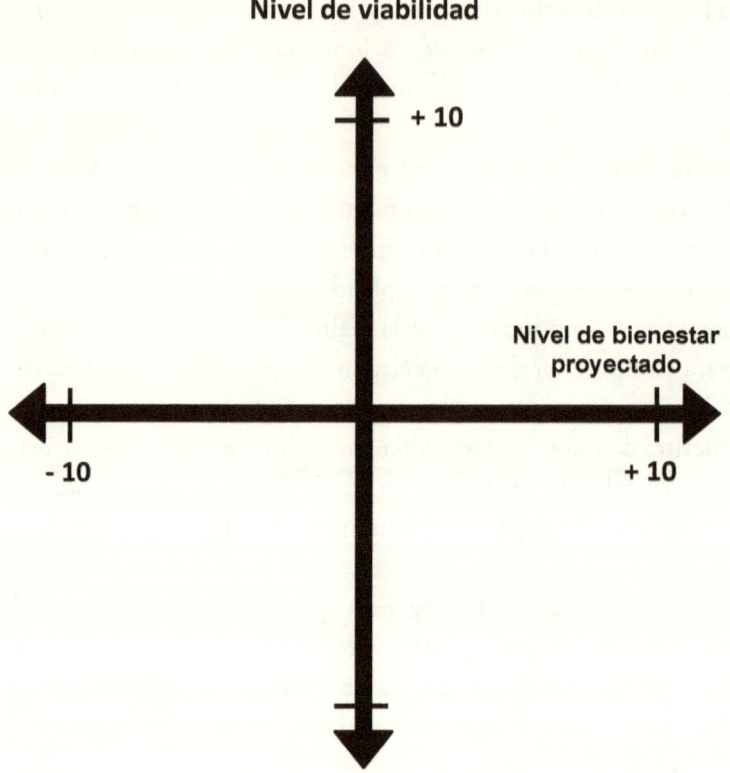

Nivel de viabilidad

+ 10

Nivel de bienestar proyectado

- 10

+ 10

Figura 78: Mapa de bienestar real.

El eje vertical muestra el grado de viabilidad/inviabilidad, a su vez, el eje horizontal nos muestra el grado de bienestar proyectado/malestar proyectado para cada una de las opciones.

El sistema humano puede alterar los resultados, buscando aumentar los niveles de viabilidad de una opción o trabajando con su sistema de creencias para modificar el nivel de valoración de las opciones. Para la primera alternativa, el mapa de recursos y condicionamientos (figura 48) resulta de gran utilidad. Para la segunda alternativa, el estudio del sistema de creencias es de vital importancia.

CONCLUSIÓN

En la teoría de los sistemas de decisión se siguió un recorrido esquematizado que puso el acento en la existencia de un programa mental responsable de todas las decisiones que ejecuta el sistema humano.

El programa es un subsistema de creencias que se denomina sistema de decisión y está constituido, a su vez, por dos subsistemas: el sistema de valoración y el sistema de evaluación de viabilidad.

El sistema de valoración está constituido por las asociaciones de creencias valorativas que son responsables de decodificar los estímulos sensoriales y convertirlos en juicios ponderativos sobre diversos elementos de la realidad.

El sistema de evaluación de viabilidad está constituido por las asociaciones de creencias de viabilidad que son responsables de decodificar los estímulos sensoriales y convertirlos en juicios de viabilidad o inviabilidad, en relación a las distintas opciones que contempla el protagonista.

De la interacción de los juicios de ponderación y de los juicios de viabilidad se determinará, sobre un determinado conjunto de opciones, cuál es la relativamente y subjetivamente más apreciada o menos despreciada (si se tratara de una situación de opciones de ponderación negativa).

Las opciones son sometidas a varios procesos mentales que se han manifestado a lo largo de este libro y cuya fórmula elegante y simplificada ha sido el sistema de decisión, que recibe el input de los estímulos sensoriales y genera decisiones como propiedad emergente.

Los sistemas humanos eligen mediante mecanismos mentales, que la gran mayoría no reconoce, y cuya comprensión nos permite entender por qué una particular persona elige una opción y no otras.

Nos hemos encontrado con varios postulados que no tendría sentido repetir, ya que se encuentran bien detallados en el libro. Sin embargo, resulta importante resaltar, de acuerdo al criterio del autor, los siguientes fenómenos: la ecuación de autoestima y la ecuación de bienestar real.

La comprensión de las correlaciones valorativas que constituyen la particular ecuación de autoestima de un sistema humano nos permite entender, en gran medida, por qué algunos capitales y fenómenos son más valorados que otros. La teleología manifiesta en esta ecuación, que es la búsqueda de la estima propia por medio de la conquista de ciertos estilos de vida, conduce a la persona a contemplar factores endógenos y exógenos que lo habilitan y restringen y, consecuentemente, a decidir cómo proceder para atender la misma de acuerdo a sus particulares criterios de decisión.

La ecuación de bienestar real es el cierre de toda la obra. Es la matematización de un razonamiento que contempla que todas las proyecciones valorativas, derivadas y equivalentes de las proyecciones emocionales en relación a ciertas opciones, se encuentran ante el costo de viabilidad, que puede alterar la proyección emocional sobre las opciones contempladas debido a la relativa presencia o ausencia de recursos y condicionamientos.

La proyección de la experiencia emocional en relación a una opción se altera, en general, cuando el protagonista se confronta con la realidad y sus circunstancias. La opción que al principio, en estado puro, ofrecía un bienestar relativamente alto y, por ende, una valoración positiva equivalente, al confrontarse luego con la evaluación de viabilidad puede sufrir ciertas alteraciones en sus valores iniciales, y se concluye que el bienestar real no era el inicialmente proyectado.

El sistema humano emplea este mecanismo cognitivo para determinar los valores reales subjetivos que le ofrecen cada una de las opciones comparadas y procederá a elegir aquella que maximiza su nivel de bienestar o minimiza su nivel de malestar, dependiendo de la situación.

En síntesis, las personas eligen las opciones que les ofrecen el mayor nivel relativo de bienestar real o el menor nivel relativo de malestar real, como resultado de un proceso cognitivo que contrasta la proyección emocional, y por ende valorativa, con el costo de viabilidad.

Esta operación mental, en general inconsciente para la gran mayoría de los sistemas humanos, es la que desarrolla el subsistema de creencias denominado sistema de decisión. Su análisis exhaustivo nos permitirá entender el origen de los comportamientos humanos a nivel individual y colectivo. Algo que considero absolutamente necesario en el estudio de todas las disciplinas humanísticas.

Muchas gracias a todos por su atención.

GLOSARIO

Acción corporal: Movimiento realizado por el sistema humano a través de su sistema corporal. La acción corporal puede ser física y/o lingüística.

Acción física: Toda acción corporal no lingüística realizada por el sistema humano.

Acción lingüística: Palabra y/o frase manifestada por un sistema humano a través de una expresión oral, escrita, gestual o una combinación de las anteriores.

Acción mental: Actividad realizada por el sistema humano en su sistema mental.

Alma: Energía consciente que goza de libre albedrío y opera en el sistema mental y corporal. También denominada "voluntad".

Anticapital: Factor negativo de la realidad cuya posesión y acumulación incrementa la autovaloración negativa del acreedor.

Asociación de creencias: Conjunto de creencias vinculadas de acuerdo a ciertos principios lógicos, responsables de generar ciertos pensamientos.

Autoestima: Acción y efecto de autovalorarse positivamente que ejecuta un sistema humano.

Bienestar emocional: Manifestación de distintos tipos de emociones positivas, de diferentes intensidades energéticas. También denominado "bienestar".

Capital: Factor positivamente valorado por el sistema humano, cuya obtención e incremento contribuyen a aumentar su nivel de bienestar y su nivel de autoestima.

Coherencia externa: Grado de lógica asociativa que existe entre los datos analizados y los fenómenos de la realidad que los mismos representan.

Coherencia interna: Grado de lógica asociativa que poseen las ideas que constituyen a los datos analizados.

Competir: Accionar para obtener la superioridad valorativa relativa en relación a uno o más factores positivamente valorados.

Comportamiento: Acción corporal (física y/o lingüística) que afecta la realidad.

Comportamiento irracional: Acción física y/o lingüística desarrollada de acuerdo a ciertos criterios de decisión que poseen un determinado grado de inexactitud.

Comportamiento racional: Acción física y/o lingüística desarrollada de acuerdo a ciertos criterios de decisión que poseen un determinado grado de fidelidad.

Condicionamientos: Restricciones sobre las acciones del sistema humano y, por ende, sobre sus posibilidades de manifestación.

Consciencia: Capacidad que posee el alma para reconocer los procesos del sistema mental y corporal.

Correlaciones valorativas: Secuencia programada de fenómenos que contribuyen a satisfacer la ecuación de autoestima de un determinado sistema humano.

Corroboración: Evidencia empírica que sustenta la fundamentación.

Creencia: Idea que tiene una determinada carga e intensidad energética y posee un cierto grado de veracidad.

Creencias activas: Conjunto de creencias que afectan el proceso de pensar y, por ende, a los pensamientos resultantes.

Creencias pasivas: Conjunto de creencias que están en estado potencial y, por lo tanto, no afectan al proceso de pensar ni a los pensamientos resultantes.

Criterios: Asociaciones de creencias normativas que habilitan la adjudicación de diversos sentidos lingüísticos a un determinado conjunto de imágenes sensoriales lógicamente relacionadas con los mismos. Conjunto de normas que determinan los distintos tipos de evaluaciones de acuerdo a los diferentes estímulos sensoriales que percibe el sistema humano.

Criterios de autovaloración: Criterios de valoración interna.

Criterios de decisión: Conjunto constituido por los criterios de valoración y los criterios de evaluación de viabilidad.

Criterios de evaluación de viabilidad: Conjunto constituido por los criterios de viabilidad y los criterios de inviabilidad.

Criterios de inviabilidad: Asociaciones de creencias normativas que determinan los diversos juicios de inviabilidad sobre ciertos fenómenos de la realidad del sistema humano.

Criterios de inviabilidad externa: Asociaciones de creencias responsables de identificar los condicionamientos externos que restringen al sistema humano en la consecución de la opción que está contemplando.

Criterios de inviabilidad interna: Asociaciones de creencias responsables de identificar los condicionamientos internos que limitan al sistema humano en la manifestación de la opción que está contemplando.

Criterios de valoración: Asociaciones de creencias normativas valorativas que constituyen a los subsistemas de valoración y contribuyen a generar los diversos juicios ponderativos sobre los distintos elementos de la realidad que definen al sistema humano y a su entorno.

Criterios de valoración externa: Asociaciones de creencias que contribuyen a validar o no, en cierta medida, los factores de la realidad externa del sistema humano.

Criterios de valoración interna: Asociaciones de creencias que contribuyen a validar o no, en cierta medida, los factores de la realidad interna del sistema humano.

Criterios de viabilidad: Asociaciones de creencias normativas que determinan los diversos juicios de viabilidad sobre ciertos fenómenos de la realidad del sistema humano.

Criterios de viabilidad externa: Asociaciones de creencias responsables de detectar los recursos externos que habilitan al sistema humano para lograr la manifestación de la opción que está contemplando.

Criterios de viabilidad interna: Asociaciones de creencias responsables de detectar los recursos internos que habilitan al sistema humano para lograr la manifestación de la opción que está contemplando.

Datos: Imágenes sensoriales procedentes de la realidad interna o externa al sistema humano, decodificadas de acuerdo a su particular sistema de creencias activo.

Decidir: Acción mental por medio de la cual se determinan las opciones de manifestación, restringidas o habilitadas por ciertos factores endógenos y exógenos, y se selecciona aquella que es considerada más valiosa de acuerdo a la estructura de preferencias del ente responsable.

Decisión: Pensamiento proyectivo que determina las acciones corporales futuras que realizará el sistema humano.

Ecuación de autoestima: Conjunto de criterios valorativos asociados que determinan la jerarquía de valoraciones, necesidades y fines que guían el comportamiento humano para preservar e incrementar su autoestima.

Elegir: Decidir.

Emoción: Sensación que acontece en el sistema corporal producto de la acción de reconocer bio-sensorialmente la estructura del pensamiento. También denominada "sentimiento".

Entorno: Realidad externa con la que interactúa el sistema humano.

Estilo de vida: Conjunto de condicionamientos y recursos que restringen y habilitan, respectivamente, a un sistema humano.

Estilo de vida actual: Conjunto de factores endógenos y exógenos que definen el modo de vida presente de un sistema humano.

Estilo de vida deseado: Conjunto de factores endógenos y exógenos que definen el modo de vida deseado de un sistema humano.

Estimar: Apreciar o ponderar positivamente un determinado fenómeno.

Estímulos sensoriales: Fragmentos unificados de información sensorial percibida por el sistema humano receptor, provenientes de la realidad interna o externa al mismo, que desencadenan la gestación de imágenes sensoriales.

Estructura de fines: Estructura de juicios teleológicos jerárquicamente ordenados de acuerdo a las valoraciones relativas asignadas a los mismos. También denominada "jerarquía de fines".

Estructura de necesidades: Estructura de juicios de necesidad ordenados jerárquicamente de acuerdo a las ponderaciones relativas asignadas a los mismos. También denominada "jerarquía de necesidades".

Estructura de valoraciones: Estructura de juicios valorativos ordenados jerárquicamente de acuerdo a las ponderaciones relativas asignadas por el sistema de valoración a los distintos estímulos. También denominada "jerarquía de valoraciones".

Evaluación: Adjudicación de características sobre la cosa juzgada de acuerdo a los criterios empleados por el sistema humano que evalúa.

Factores endógenos: Conjunto de condicionamientos y recursos, originados en la realidad interna de un sistema humano, que restringen y habilitan al mismo, respectivamente.

Factores exógenos: Conjunto de condicionamientos y recursos, originados en la realidad externa de un sistema humano, que restringen y habilitan al mismo, respectivamente.

Fidelidad: Grado de exactitud relativa que posee cierta información.

Fundamentación: Justificación argumentativa lógicamente desarrollada que sostiene a un criterio.

Grado de dificultad: Magnitud relativa de condicionamientos que restringen a un sistema humano para concretar una cierta opción.

Grado de facilidad: Magnitud relativa de recursos que habilitan a un sistema humano para concretar una cierta opción.

Grado de inviabilidad: Grado de dificultad relativa para conseguir la opción evaluada por el sistema humano.

Grado de viabilidad: Grado de facilidad relativa para conseguir la opción evaluada por el sistema humano.

Idea: Imágenes sensoriales dotadas de sentido lingüístico, que pueden estar constituidas por una o más palabras que asumen un sentido gramatical lógico entre sí.

Imágenes sensoriales: Reproducciones mentales sensoriales basadas en los sentidos del sistema biológico de percepción. Son la propiedad emergente del sistema sensorial mental y el input del sistema de creencias. Uno de los elementos que constituyen a las creencias y los pensamientos (los otros elementos son sentido lingüístico, polo e intensidad). También denominadas "impresiones sensoriales".

Impresiones sensoriales: Imágenes sensoriales.

Información: Conjunto de datos sobre diversos fenómenos que pueden gozar de distintos niveles de fidelidad.

Intensidad energética: Cantidad de energía que tiene una creencia, pensamiento o emoción.

Inviabilidad: Improbabilidad de que un sistema humano pueda materializar un determinado objetivo, de acuerdo a los sistemas endógenos y exógenos que lo habilitan y restringen. Si la inviabilidad es insuperable, se estima como absoluta. Si la inviabilidad es superable, puede ser evaluada según diversos grados.

Irracionalidad: Grado de inexactitud de los criterios de decisión que emplea el sistema humano para el desarrollo de diversos comportamientos teleológicos.

Juicio: Evaluación que realiza el sistema humano sobre un determinado fenómeno en base a cierto tipo de información.

Libertad: Facultad del alma que habilita la posibilidad de elegir entre distintas opciones de manifestación.

Libre albedrío: Capacidad que posee el alma para elegir entre distintas opciones de manifestación.

Malestar emocional: Manifestación de distintos tipos de emociones negativas, de diferentes intensidades energéticas. También denominado "malestar".

Necesidades: Carencias que el sistema humano posee y desea satisfacer.

Pensamiento: Idea que posee una cierta carga e intensidad energética que afecta al sistema corporal. Es la propiedad emergente del sistema de creencias y del sistema mental.

Pensamientos apreciativos: Pensamientos valorativos de polo positivo.

Pensamientos despreciativos: Pensamientos valorativos de polo negativo.

Pensamientos ordenadores de comportamiento: Pensamientos responsables de ordenar al cuerpo la ejecución de los comportamientos que materializan a los pensamientos proyectivos.

Pensamientos proyectivos: Pensamientos de futuro que anticipan las acciones que el sistema humano va a ejecutar.

Pensamientos valorativos: Pensamientos que manifiestan una valoración sobre distintos aspectos de la realidad. También denominados "juicios valorativos".

Percibir: Captar los acontecimientos de la realidad mediante el uso de los sentidos.

Persona: Sistema humano dotado de identidad.

Persona individual: Sistema humano individual dotado de identidad.

Persona social: Sistema social dotado de identidad.

Personalidad: Sistema de creencias activo.

Polo energético: Carga energética que asume la creencia, pensamiento y emoción. Puede ser positivo o negativo.

Preferir: Ponderar más una opción, comparada con otra u otras.

Principios lógicos: Ideas que guían el desarrollo de la información de acuerdo a ciertos parámetros racionales.

Proceso de socialización: Fenómeno mediante el cual los miembros del sistema social son educados para que sus respectivas estructuras de creencias sean compatibles con la estructura de creencias de la comunidad.

Proceso de socialización formal: Proceso de socialización que se deriva del sistema educativo formal.

Proceso de socialización informal: Proceso de socialización que se deriva del sistema educativo informal.

Protagonista: Sistema humano que se está analizando.

Racionalidad: Grado de fidelidad de los criterios de decisión que emplea el sistema humano para el desarrollo de diversos comportamientos teleológicos.

Realidad: Todo lo que acontece.

Realidad externa: Conjunto de fenómenos que acontecen en el entorno del sistema humano.

Realidad interna: Conjunto de fenómenos que acontecen dentro del sistema humano. La realidad interna puede dividirse en realidad interna mental y realidad interna corporal.

Recursos: Medios que habilitan el desarrollo de ciertas acciones.

Relevancia relativa: Cuantía de ponderación que se altera de acuerdo a los elementos que se sometan a comparación y evaluación, según los criterios de un determinado sistema de valoración.

Resultado: Alteración de la realidad generada por el comportamiento.

Riesgo: Probabilidad de que una expectativa manifestada a través de un fin no se cumpla.

Sentido lingüístico: Articulación gramatical coherente de acuerdo con el lenguaje operativo del sistema humano. Uno de los elementos que constituyen a las creencias y los pensamientos (los otros elementos son imágenes sensoriales, polo e intensidad). También denominado "significado lingüístico".

Sistema de autovaloración: Sistema de valoración interna.

Sistema de creencias: Subsistema que pertenece al sistema mental. Entidad cuya existencia y funcionamiento se justifica como un todo mediante la interacción de las creencias. El input del sistema de creencias son las imágenes sensoriales y el output son los pensamientos.

Sistema de creencias activo: Entidad cuya existencia y funcionamiento se justifica como un todo mediante la interacción de los subsistemas de creencias activos.

Sistema de decisión: Subsistema que pertenece al sistema de creencias. Entidad cuya existencia y funcionamiento se justifica como un todo mediante la interacción del sistema de valoración y el sistema de evaluación de viabilidad entre sí. El input son las imágenes sensoriales y el output son las decisiones.

Sistema de evaluación de viabilidad: Subsistema de creencias encargado de calcular el grado de viabilidad o inviabilidad de las opciones contempladas. Entidad cuya existencia y funcionamiento se justifica como un todo mediante la interacción del sistema de evaluación de viabilidad interna y el sistema de evaluación de viabilidad externa entre sí. El input son las imágenes sensoriales y el output son los juicios de viabilidad. También denominado "sistema de viabilidad".

Sistema de evaluación de viabilidad externa: Subsistema que pertenece al sistema de evaluación de viabilidad. Entidad cuya existencia y funcionamiento se justifica como un todo mediante la interacción de los criterios de viabilidad e inviabilidad referidos a la realidad externa del sistema humano protagonista. También denominado "sistema de viabilidad externa".

Sistema de evaluación de viabilidad interna: Subsistema que pertenece al sistema de evaluación de viabilidad. Entidad cuya existencia y funcionamiento se justifica como un todo mediante la interacción de los criterios de viabilidad e inviabilidad referidos a la realidad interna del sistema humano protagonista. También denominado "sistema de viabilidad interna".

Sistema de valoración: Subsistema de creencias que asigna un cierto grado de valor relativo, positivo o negativo, a cada elemento de la realidad percibida. Entidad cuya existencia y funcionamiento se justifica como un todo mediante la interacción de los sistemas de valoración interna y externa entre sí. El input son las imágenes sensoriales y el output son los pensamientos valorativos.

Sistema de valoración externa: Subsistema que pertenece al sistema de valoración. Entidad cuya existencia y funcionamiento se justifica como un todo mediante la interacción de los criterios de valoración externos positivos y negativos entre sí. Determina el mecanismo mediante el cual el sistema humano asigna ponderaciones, positivas o negativas, a los distintos elementos de la realidad externa del mismo.

Sistema de valoración interna: Subsistema que pertenece al sistema de valoración. Entidad cuya existencia y funcionamiento se justifica como un todo mediante la interacción de los criterios de autovaloración positivos y negativos entre sí. Determina el mecanismo mediante el cual el sistema humano asigna ponderaciones, positivas o negativas, a los distintos aspectos de la realidad interna del mismo. También denominado "sistema de autovaloración".

Sistema de viabilidad: Sistema de evaluación de viabilidad.

Sistema de viabilidad externa: Sistema de evaluación de viabilidad externa.

Sistema de viabilidad interna: Sistema de evaluación de viabilidad interna.

Sistema humano: Entidad cuya existencia y funcionamiento se justifica como un todo mediante la interacción del alma con el sistema mental y el sistema corporal entre sí.

Sistema humano colectivo: Sistema social. Comunidad.

Sistema humano individual: Ser humano.

Sistema mental: Entidad cuya existencia y funcionamiento se justifica como un todo mediante la interacción del sistema sensorial mental y el sistema de creencias. El input del sistema mental es la información sensorial y el output son los pensamientos.

Sistema sensorial mental: Subsistema que pertenece al sistema mental. Entidad cuya existencia y funcionamiento se justifica como un todo mediante la interacción de los subsistemas auditivo, visual, táctil, olfativo, gustativo y sensitivo interno. Es la entidad encargada de captar la información sensorial y convertirla en imágenes sensoriales.

Sistema social: Entidad cuya existencia y funcionamiento se justifica como un todo mediante la interacción de dos o más sistemas humanos individuales entre sí. Sistema humano colectivo cuya existencia y funcionamiento se justifica como un todo mediante la interacción de la voluntad social con el sistema mental social y el sistema corporal social entre sí. También denominado "comunidad" y "sistema humano colectivo".

Sistemas artificiales: Entidad cuya existencia y funcionamiento se justifica como un todo mediante la interacción de los sistemas industriales y los sistemas educativos entre sí. También denominados "sistemas tecnológicos".

Sistemas ecológicos: Sistemas naturales.

Sistemas endógenos: Sistemas que constituyen la realidad interna de los sistemas humanos.

Sistemas estatales: Entidad cuya existencia y funcionamiento se justifica como un todo mediante la interacción de los sistemas políticos y los sistemas civiles entre sí.

Sistemas exógenos: Todos los sistemas que forman parte del entorno del sistema humano protagonista y, por ende, son capaces de afectarlo. Pueden dividirse en sistemas naturales, sistemas artificiales y sistemas estatales.

Sistemas naturales: Entidad cuya existencia y funcionamiento se justifica como un todo mediante la interacción de los sistemas geográficos, oceánicos, climáticos y biológicos entre sí. También denominados "sistemas ecológicos".

Sistemas tecnológicos: Sistemas artificiales.

Subsistema de creencias activo: Conjunto de asociaciones de creencias responsables de generar determinados patrones de pensamiento.

Tecnología: Conjunto de conocimientos y técnicas que habilitan el desarrollo de ciertas industrias y bienes afines.

Valor: Grado de relevancia relativa, positiva o negativa, que el sistema humano le asigna a ciertos elementos de la realidad.

Valoración: Acción y efecto de valorar.

Valorar: Asignar un cierto grado de valor relativo, positivo o negativo, a cada elemento de la realidad percibida.

Viabilidad: Probabilidad de que un sistema humano pueda materializar un determinado objetivo, de acuerdo a los sistemas endógenos y exógenos que lo habilitan y restringen. Existen diversos grados de viabilidad.

Voluntad: Alma.

ÍNDICE DE FIGURAS

Figura 1: Sistema humano interactuando con la realidad externa. 3

Figura 2: Sistema mental. 4

Figura 3: Elementos de una creencia. 5

Figura 4: Sistema de creencias. 7

Figura 5: Elementos de un pensamiento. 8

Figura 6: Niveles de manifestación humana. 10

Figura 7: Secuencia de manifestación-resultados-estímulos. 13

Figura 8: Tipos de realidades. 15

Figura 9: Procedencia de las imágenes sensoriales. 17

Figura 10: Estilo de vida del sistema humano. 19

Figura 11: Sistema global endógeno. 20

Figura 12: Sistema global exógeno. 21

Figura 13: Sistemas naturales. 22

Figura 14: Sistemas artificiales. 23

Figura 15: Sistemas estatales. 24

Figura 16: Estilo de vida. 26

Figura 17: Estilo de vida. 26

Figura 18: Estilo de vida actual y estilo de vida deseado. 27

Figura 19: Sistema de decisión. 29

Figura 20: Sistema de valoración. 32

Figura 21: Subsistema de valoración interna (autovaloración). 33

Figura 22: Subsistema de valoración externa. 34

Figura 23: Estructura de valoraciones. Ejemplo. 36

Figura 24: Leyes de bienestar y valoración positiva. 42

Figura 25: Leyes de malestar y valoración negativa. 42

Figura 26: Fases en la gestación y ejecución de los
comportamientos racionales..................................... 46

Figura 27: Fases en la gestación y ejecución de los
comportamientos racionales. Ejemplo. 49

Figura 28: Fases en la gestación y ejecución de los
comportamientos racionales. Ejemplo. 51

Figura 29: Ley de complejidad carencial. 52

Figura 30: Esquema de necesidad simple. Ejemplo. 52

Figura 31: Esquema de necesidad compleja. Ejemplo. 53

Figura 32: Ley de complejidad del esquema de decisión...................... 53

Figura 33: Ley de autovaloración. 54

Figura 34: Correlaciones entre la ecuación de autoestima y
la autovaloración. 60

Figura 35: Variables de la ecuación de autoestima........................61

Figura 36: Correlaciones entre las variables y la ecuación de
autoestima. 62

Figura 37: Ejemplos de correlación valorativa. Caso 1........................... 66

Figura 38: Ejemplos de correlación valorativa. Caso 2. 67

Figura 39: Ejemplos de correlación valorativa. Caso 4. 68

Figura 40: Variables de la ecuación de autoestima. Caso 4.................. 68

Figura 41: Correlación entre los anticapitales y la autoestima............... 73

Figura 42: Sistema de evaluación de viabilidad. 74

Figura 43: Subsistema de viabilidad interna........................... 75

Figura 44: Subsistema de viabilidad externa. 76

Figura 45: Correlación entre los recursos y el grado de viabilidad. 79

Figura 46: Correlación entre los condicionamientos y el
grado de inviabilidad. 79

Figura 47: Mapa de criterios de viabilidad e inviabilidad. 80

Figura 48: Mapa de recursos y condicionamientos........................ 82

Figura 49: Ley de opciones condicionadas. 83

Figura 50: Criterios de decisión. 95

Figura 51: Proceso de socialización formal........................... 96

Figura 52: Proceso de socialización informal. 97

Figura 53: Correlación entre la fundamentación y la
rigurosidad asertiva......................... 98

Figura 54: Correlación entre la corroboración y la rigurosidad asertiva... 99

Figura 55: Correlación entre la coherencia interna y la rigurosidad asertiva. 99

Figura 56: Correlación entre la coherencia externa y la rigurosidad asertiva. 100

Figura 57: Nivel de fidelidad de la información. 100

Figura 58: Correlación entre la fidelidad de la información, los criterios y el proceso de decisión. 101

Figura 59: Correlación entre la fidelidad del proceso de decisión y el nivel de riesgo. 102

Figura 60: Correlación entre el nivel de rigurosidad asertiva de la información y el grado de racionalidad del proceso de decisión. 103

Figura 61: Correlación entre la carencia de rigurosidad asertiva de la información y el grado de irracionalidad del proceso de decisión. 104

Figura 62: Etapas del proceso de decisión. 106

Figura 63: Ecuación de bienestar real. 107

Figura 64: Equivalencia entre ecuaciones de bienestar real y de valoración real. 110

Figura 65: Ecuación de valoración real. 111

Figura 66: Estructura de valoraciones. Caso 1. 112

Figura 67: Nivel de viabilidad de las opciones. Caso 1. 113

Figura 68: Cálculo del bienestar real de las opciones. Caso 1. 113

Figura 69: Estructura de valoraciones. Caso 2. 114

Figura 70: Nivel de viabilidad de las opciones. Caso 2. 115

Figura 71: Cálculo del bienestar real de las opciones. Caso 2. 116

Figura 72: Estructura de valoraciones. Caso 3. 116

Figura 73: Nivel de viabilidad de las opciones. Caso 3. 117

Figura 74: Cálculo del bienestar real de las opciones. Caso 3. 117

Figura 75: Estructura de valoraciones. Caso 4. 118

Figura 76: Nivel de viabilidad de las opciones. Caso 4. 118

Figura 77: Cálculo del bienestar real de las opciones. Caso 4. 119

Figura 78: Mapa de bienestar real. 122

AUTOR

Juan Martín Figini ha dedicado su carrera a la comprensión y el desarrollo del ser humano en el medio social.

Publicó la primera versión de la *Teoría de los Sistemas Mentales* en el año 2009 y su versión en inglés, *Mental Systems Theory*, en 2012. La misma ha sido ampliada y modificada, derivando en una edición más abarcadora y exhaustiva, publicada en 2016.

En el año 2017, publicó la *Teoría de los Sistemas Sociales. Un modelo basado en los sistemas mentales.*

En el mismo año, publicó la *Teoría de los Sistemas de Decisión. Un modelo basado en los sistemas mentales.*

Ha desarrollado la Ingeniería de los Sistemas Mentales, una disciplina que tiene la finalidad de comprender y operar en el sistema mental para reestructurar el sistema de creencias de acuerdo al estado deseado que el sistema humano anhela alcanzar.

Ha diseñado e implementado diversos sistemas de entrenamiento basados en la Ingeniería de los Sistemas Mentales, incluyendo el Programa de Desarrollo Vocacional, el Entrenamiento Mental para Deportistas y el Programa de Evolución Personal, entre otros.

Se ha desempeñado como Consultor de Manchester Business School, The University of Manchester, Inglaterra. Ha desarrollado diversos programas educativos para el British Council entre ellos: Successful Teamwork y Words create Worlds.

Es Licenciado en Ciencia Política de la Universidad de San Andrés, Argentina. Realizó una tesis de licenciatura titulada *Alienación en Rousseau: Crítica Social y Proyecto Pedagógico*, que recibió por parte del jurado académico la máxima calificación de 10 puntos. Cursó, además, la Licenciatura en Relaciones Internacionales en dicha universidad.

Es autor del libro *Rousseau: alienación, falsa identidad y el rol social del líder consciente*.

Recibió una beca completa otorgada por la Weatherhead School of Business, Case Western Reserve University, USA, donde obtuvo el título de posgrado: Appreciative Inquiry Certificate in Positive Business and Society Change.

Posee los títulos de Posgrado en Modelos y Herramientas del Coaching Ontológico y Posgrado en Técnicas y Dinámicas de Intervención del Coaching, de la Universidad de Buenos Aires (UBA). Es Master en Programación Neurolingüística, aprobado por el Southern Institute of NLP, The Society of NLP, International NLP, USA. Recibió la Certificación Internacional en Coaching de la International Coaching Community (ICC), habiendo sido evaluado y aprobado por Joseph O'Connor. Además, recibió la certificación en el Fundamental Course y en el Nivel Advance de EFT –The Emotional Freedom Techniques– por The EFT Certificate of Completion Program, USA.

Además, realizó los cursos: "Fenomenología de la intersubjetividad y su importancia para la comprensión de las enfermedades mentales", Facultad de Filosofía, Universidad Católica Argentina (UCA); "Yo, sujeto e identidad. El nacimiento de estos conceptos en la Edad Moderna (Siglos XVII y XVIII)", Facultad de Filosofía, Universidad Católica Argentina (UCA) y "El modo de ser del sujeto humano en la filosofía de Kant y Hegel", Facultad de Filosofía, Universidad Católica Argentina (UCA).

Actualmente, se encuentra desarrollando una serie de libros basados en la *Teoría de los Sistemas Mentales* y en la *Teoría de los Sistemas Sociales* con aplicación en distintas áreas de las ciencias humanísticas, como la Teoría de los Sistemas Educativos, la Teoría de los Sistemas Políticos, entre otros.

www.juanmartinfigini.com

OBRAS RELACIONADAS

Los siguientes libros ayudan a complementar el estudio de la *Teoría de los sistemas de decisión. Un modelo basado en los sistemas mentales.* Los mismos han sido referenciados a lo largo de esta obra y son de la autoría de Juan Martín Figini.

Libros publicados:

- *Teoría de los sistemas mentales.* Figini, Juan Martín. Authorhouse, 2016.
- *Teoría de los sistemas sociales. Un modelo basado en los sistemas mentales.* Figini, Juan Martín. Authorhouse, 2017.

Próximos libros*:

- *Teoría de los sistemas políticos Un modelo basado en los sistemas mentales y sociales*
- *Teoría de los sistemas educativos Un modelo basado en los sistemas mentales y sociales*
- *Ingeniería de los sistemas mentales*

*Los libros mencionados en esta lista serán publicados en breve.

Todos los libros mencionados en esta página van a ser publicados en inglés.

www.juanmartinfigini.com